秘宝館という文化装置

妙木 忍
Myoki Shinobu

青弓社

秘宝館という文化装置　目次

カバー写真——表：マリリン・モンロー（鬼怒川秘宝殿）（表紙も）、袖：「子宝観音（みこすり観音）」（熱海秘宝館）、
背：「有明夫人」（嬉野武雄観光秘宝館）（扉も）、裏：「妖妃マーメイド」（熱海秘宝館）
装丁——Malpu Design［清水良洋］

はじめに――研究対象としての秘宝館

「「秘宝館」消滅の危機」「昭和の文化遺産　保存を」という新聞記事が出たのは、「東京新聞」二〇一三年十月六日付だった。そこには、「日本独自の芸術　海外で絶賛」「女性もターゲット」と書かれている。それに先立つ「朝日新聞」同年九月九日付夕刊には、「歴史探偵団」の記事として「秘宝館っていつからあるの？」と題した記事が出ていて、「全部消えた後で「しまった！」ということにならぬよう、今のうちに「文化」として認めてもらえないものだろうか」という記載がある。さらに「西日本新聞」二〇一四年一月一日付別刷り特集では「地元遺産と歩む」という「九州の「遺産」特集」が組まれ、佐賀県の「遺産」として嬉野武雄観光秘宝館が取り上げられた（「西日本〝最後〟の秘宝館」）。秘宝館にこのように注目が集まるのは、二〇一四年三月に「西日本随一の規模と内容を誇る」（入場券）という嬉野の秘宝館が閉館するという事情もあるだろう。あるいは、秘宝館の芸術性に人々が関心を寄せ始めたということだろうか。

日本で最初の秘宝館、元祖国際秘宝館伊勢館が約三十五年の歴史に幕を閉じた二〇〇七年前後にも、秘宝館に注目する人々による、記録を残し発信する活動が高まりを見せた。伊勢の秘宝館の閉館は、秘宝館の歴史にとって衝撃だった。〇七年前後の数年間には、元祖国際秘宝館伊勢館を単独で取り上げたり、全国の秘宝館を射程に含めたガイドブック、ドキュメンタリー、映像記録、映画、写真集が集中して生み出されたが、これは秘宝館が失われていくなかで秘宝館を記録し、発信し、問い直す試みだったと解釈することもできる。

伊勢の秘宝館の姉妹館だった元祖国際秘宝館鳥羽館（ＳＦ未来館）（一九八一年開館、二〇〇〇年閉館）の一部を、ルクセンブルク現代美術館（ＭＵＤＡＭ）で二〇〇七年に再現したのは都築響一氏だ。盛装した貴婦人たちが秘宝館を見学する様子を観察しながら、筆者は「美術館」に展示された秘宝館を目の前に、かつての日本人たちがこの展示物に求めたものは何だったのだろうと思いを馳せたものだ。

秘宝館をめぐるこのような動きと時を同じくして、偶然か必然か、筆者も二〇〇五年から秘宝館の研究を始めていた。この時期までにすでに秘宝館はかなり減少していて、当時残っていたのは七館だけだった。そのあとさらに閉館が続き、一四年二月現在で現存するのは三館となった。秘宝館と銘打つ施設は、かつては北海道から九州まで広範囲にわたって少なくとも二十館は存在していたというのに。この意味で、秘宝館を「失われつつある日本の風景」と表現した知人の言葉は的を射ている。伊勢の秘宝館の閉館はまさに、その象徴的な出来事の一つだった。

秘宝館は性をテーマとした遊興空間であり、性に関する展示が多い。そのためだろうか、秘宝館は低位に位置づけられることが多く、研究対象としても看過されがちだったように思う。けれどもこのような日本の遊興空間が、ある特定の時代に、温泉観光地という特定の場所に、分散しながら同時発生的に成立し、ある特定の時代に衰退していったという現象の歴史的意味を問い直すことは、日本文化の一側面を明らかにすることにつながるのではないかと思う。観光のありかたの変容は、人々が旅先で求めるものや、当時の社会史的背景を反映しているはずだ。

そう考えると、秘宝館は研究対象となりうる。文化人類学者・田中雅一による性の展示の研究や田中聡の論考など数少ない先行研究も参照しながら、本書では秘宝館の歴史的意味をあらためて問うてみよう。

秘宝館は、さまざまな観点から幾重にも分析することができると思う。だが本書では次のように焦点を絞りたい。

第一に、「複製身体の観光化」という側面から秘宝館を読み解く。すなわち、本物とそっくりな身体が模造・収集・展示され、そこを人々が訪れるという現象――これは秘宝館の大きな特徴をなしている――に注目してみたい。これは秘宝館を性の展示としてだけ読み解くことから出発するのではなく、秘宝館を「複製身体の展示」の文脈にいったん置いて考え直すという発想だ。秘宝館の起源や秘宝館の発達過程を考える場合、このことが鍵になるのではないかと、筆者は調査の途中で気がついた。

第二に、秘宝館の盛衰を観光のありかたの変化や日本の社会史的背景の変遷とあわせて考察する。秘宝館の成立・隆盛・衰退には理由があるはずだ。そこで筆者は、秘宝館を生み出した時代や人々、その歴史的条件にも注目したいと考える。

ここまで述べてきたが、「複製身体の観光化」という視角から秘宝館を分析することから見えてくるものがある一方で、さらに分析を豊かにするには、性の展示という側面に立ち返る必要があるとも思うようになった。つまり、両者はどのように位置づけられるのだろうかということだ。そのなかで筆者は、二〇一三年十月三日から一四年一月五日までロンドンの大英博物館で開催された春画展（Shunga—sex and pleasure in Japanese art）にも影響を受けた。この開催はそれ自体、画期的だった。筆者は一三年十一月二十二日に大英博物館を訪れ、日本の性文化が豊かであること、にもかかわらず日本では抑圧されてきたことに思いを馳せた。筆者が調査した多くの秘宝館が春画を展示していたことも思い出した。

秘宝館は何を誰に伝えようとしていたのか。なぜ性がテーマだったのか。この本源的な問いを避けて通ることはできないと思うようになったのだ。日本での性文化の抑圧と秘宝館の関係は、将来重要なテーマになるかもしれない。このような発展性を念頭に置きながら、本書では「複製身体の観光化」に注目し、そこから見えてくるものから出発することにする。

本書は秘宝館の是非は論点としない。だが、秘宝館の出現の歴史的意味を問うことはできる。また、本書は秘宝館が失われることを止めることはできないだろう。だが、秘宝館についての分析を残すことはできる。秘宝館は、そこを訪れた人々の記憶、そして映像や写真の専門家たちによる記録と研究者による文字によって、長く語り継がれることになるだろう。

なお、株式会社や社団法人などの法人格は省略した。

第1章　「秘宝館」とは何か

1　性が観光の対象となるということ

「秘宝館」は「秘宝」の「館」と書く。「秘宝」とは、大切にし、一般の人には見せない宝という意味が一般的だが、本書で取り上げる「秘宝館」とは、性愛をテーマにした博物館（erotic museum）という意味だ。

秘宝館は一九七〇年代から八〇年代にかけて主として温泉観光地に開館し、人気を博した。秘宝館と銘打つ施設は、北海道から九州まで少なくとも二十館存在していた。一九九〇年代以降に衰退し、筆者が調査を始めた二〇〇五年には七館にまで減少していた。そのあとも閉館は続き、一四年二月現在では三館だけが残っている。北から栃木県日光市の鬼怒川秘宝殿、静岡県熱海市の熱海秘宝館、佐賀県嬉野市の嬉野武雄観光秘宝館だ。一四年三月には、大きな規模を誇る嬉野の秘宝館が閉館することが決まっている。

秘宝館が一九七〇年代に生まれたと言うと、驚く人もいる。秘宝館にはもっと古い歴史があると思っている人が多いのだ。この誤解はとても興味深い。秘宝館は古くからあると思われているにもかかわらず、なぜ、実際の秘宝館は七〇年代という比較的最近になってから成立したのか、という問いにもつながるからだ。

写真１　熱海秘宝館のマリリン・モンロー（2005年撮影）。ハンドルを回すとスカートがめくれる。

秘宝館が一九七〇年代よりもはるか以前からあったように思う人が多いのは、おそらく、日本に古来から伝わる性と密接な関わりをもつ信仰や文化などが観光の対象になること、すなわち「性の観光化」と関係があるのではないか、と筆者は思っている。

「性の観光化」にはいくつかの類型がある。第一に、信仰対象の観光化（例：『遠野物語』[1]にも出てくる金精様《こんせいさま》）、第二に、神社の奉納物の観光化（例：愛知県小牧市の田縣神社の奉納物や祭り）、第三に、性文化財を集めた観光用資料館（例：愛媛県宇和島市の多賀神社凸凹神堂）、第四に、性的要素を含む仏像などを集めた観光用美術館（例：和歌山県西牟婁郡の町立白浜美術館）などである。日本の性に関する文化の歴史は長い。それがその土地で観光化する場合もあれば、資料館や美術館という空間のなかに展示される場合もある。歴史が長い日本の性文化を考慮に入れれば、性を扱う秘宝館がもっと昔からあったと思う人がいても不思議ではない。秘宝館が性信仰を展示に含めていると考えればなおさらだ。しかし、歴史的には新しい。

実は秘宝館は、右に掲げた四つの例とは一線を画す、いわば第五の「性の観光化」の事例なのである。秘宝館は観光産業と結び付いた性の展示であり、等身大人形が含まれているのが大きな特徴だ（多くの人形は等身大だが、等身大よりも大きいものや、逆に小さいものが見られる場合もある）。また、等身大人形の展示の前でボタンを押すとスカートがめくれるなど、訪問者が参加するタイプの動的な展示を備えているのも特色の一つである（写真1）。しかもその人形は蠟製で、精巧に作られている（このように秘宝館の大きな特徴は蠟人形の存在だが、蠟以外の材質で作られた人形もある）。しかし一方で、秘宝館の多くには道祖神や金精様などの民間信仰の展示や解説もあった（その併存の理由や両者の関係についても分析する必要があるが、ここではまず、性の観光化の類型にはいくつかのタイプが存在することだけを押さえておきたい）。

2 秘宝館をめぐる謎

では、秘宝館は一九七〇年代になって突如、日本に出現した性のテーマパークなのだろうか。秘宝館をめぐる謎は深まるばかりだ。なぜこの時代に生まれたのか。なぜもっと早い時代や遅い時代ではなかったのか。なぜ温泉観光地に多かったのか。もし秘宝館がテーマパークであるとするならば、なぜ民間信仰の展示や解説も設置する必要があったのか。そもそも、どういう人物が秘宝館というものを思いつき、実現にこぎつけたのか。どういう客層を想定して作られたのか。実際に訪れたのはどういう人々だったのか。地元の人たちは、秘宝館というものをどう思っていたのだろうか。秘宝館と観光産業との関係はどうなっていたのか。なぜ九〇年代以降、衰退してきたのか。日本の経済・社会などのありかたが変化していくなかで、時代の空気が秘宝館に及ぼした影響は？――こうした疑問が次から次へと浮かんでくる。秘宝館は問いに満ちているのだ。

これらの謎をひもとくために、まずは、秘宝館の歴史をたどることから始めよう。

3 秘宝館の歴史と現状

日本で初めて等身大人形を用いた秘宝館（元祖国際秘宝館伊勢館）は、一九七二年十月に開館した。調査を開始した二〇〇五年に残っていた七館とその開館年を表1に示す。これらすべての秘宝館は、一九七二年から八三

表1　2005年の調査開始時に残っていた秘宝館（開館順）

名称	開館	備考	所在地
元祖国際秘宝館伊勢館	1972年	2007年閉館	三重県度会郡玉城町
別府秘宝館（民族資料館）	1976年	2011年閉館	大分県別府市鉄輪
北海道秘宝館	1980年	2009年閉館	北海道札幌市南区定山渓温泉
熱海秘宝館	1980年		静岡県熱海市八幡山
鬼怒川秘宝殿	1981年	2014年閉館予定	栃木県藤原郡藤原町（現・日光市）
東北サファリパーク秘宝館	1982年	2006年閉館	福島県二本松市塩沢温泉
嬉野武雄観光秘宝館	1983年	2014年閉館	佐賀県藤津郡塩田町（現・嬉野市）

注：①名称について。元祖国際秘宝館伊勢館は、もともとは「元祖国際秘宝館」と呼ばれていた。しかし、第２章や第５章で言及する姉妹館（鳥羽館や甲府石和館）が1981年に生まれたことから、差異化するために伊勢館という表現が用いられるようになった（第２章に登場する松野憲二氏による。2014年にインタビュー）。伊勢館の開館は『秘宝館』（章末注２）の年表（いそのえいたろう作成、24―26ページ）によれば1971年10月と記されているが、正しくは72年10月である。その根拠は、2006年調査時に閲覧した近畿観光開発の経理台帳記録と社歴、13年に松野憲二氏から貸してもらった開館時の写真の日付などによる。次に、「別府秘宝館（民族資料館）」という名称は、筆者の調査開始時（2005年）にパンフレットに記載されていたものだ。しかし、『秘宝館』には、「別府極楽院秘宝館」と記載されている。別府の秘宝館は、移転などもあり、そのときに名称を変えたのかもしれない。ただし、いつどのようになぜ変更になったのかについては、判明していない。東北サファリパーク秘宝館については、05年の訪問時の入場券（写真13参照）には秘宝館と記載されていたため、ここではこのように記載した。なお、入場券には「東北サファリーパーク」という記載がある（そしてそれは会社の正式名称でもある）が、事業所の名称は「東北サファリパーク」なので、ここでは「東北サファリパーク秘宝館」と呼ぶ。しかし、「福島民友」2006年５月18日付には、「大人の館秘宝館」とも記載されていて、正式名称はこちらの可能性もある。②所在地について。鬼怒川秘宝殿は栃木県藤原郡藤原町、嬉野武雄観光秘宝館は佐賀県藤津郡塩田町が所在地だったが、それぞれ06年３月22日に日光市、06年１月１日に嬉野市となっている。

写真2　元祖国際秘宝館伊勢館の外観（2005年撮影）

年の間に集中して開館している（写真2―14）。

秘宝館は温泉観光地に多い。別府秘宝館は鉄輪温泉に、北海道秘宝館は定山渓温泉の街のなかにあった。熱海、鬼怒川、嬉野も温泉地のすぐそばにある。しかし、秘宝館第一号である伊勢の秘宝館は温泉観光地にあるわけではない。なぜ最初の秘宝館は温泉観光地に関係がなく、伊勢以降の主要な秘宝館は温泉観光地にできたのかという問いにも触れていこう。

写真３　元祖国際秘宝館伊勢館パンフレット表紙（2005年受け取り）

写真４　別府秘宝館の外観（2005年撮影）

写真５　別府秘宝館パンフレット表紙（2005年受け取り）

写真６　北海道秘宝館の外観（2005年撮影）

写真７　熱海秘宝館の外観（2005年撮影）

写真８　熱海秘宝館パンフレット表紙（「愛と神秘のご案内」「何度来ても刺激的」というキャッチフレーズが記載されているバージョン）（2013年受け取り）

写真9　鬼怒川秘宝殿の外観（2005年撮影）

写真10　鬼怒川秘宝殿パンフレット表紙（2005年受け取り）。写っているのは「鬼怒川お竜」の横顔。

写真11 鬼怒川秘宝殿パンフレット表紙（2013年受け取り）

写真12　東北サファリパーク秘宝館の外観（2005年撮影）

写真13　東北サファリパーク秘宝館の入場券（2005年入場）

写真14　嬉野武雄観光秘宝館の外観（2005年撮影）

表２　展示物の種類（2005年の調査）

	伊勢	別府	北海道	熱海	鬼怒川	東北	嬉野
等身大人形	○	○	○	○	○	○	○
医学用模型	○						
動物の剥製	○	○	○			○	
動物の生殖器	○	○		○		○	
春画		○	○	○	○		○
インドの彫刻	○	○	○	○	○		○
地方民芸品			○	○			○
道祖神・金精様		○	○	○	○	○	○
映画上映	○	○	○	○	○		○
お土産売り場	○	○	○	○	○	○	○
おみくじ	○	○	○	○	○		
水子供養			○				
拷問風景	○						
オリジナル・ソング	○			○		○	
大観音像（屋外）			○				○

注：2005年度の調査をまとめた06年の報告書（初出一覧を参照）で筆者は、別府の秘宝館の「動物の剥製」欄と鬼怒川秘宝殿の「おみくじ」欄に○をつけていないが、当時の状況を再検討した結果、その存在が認められたため、この表では○をつけた。なお、伊勢の秘宝館は、（開館した1972年10月ではなく）74年８月１日に「陰部神社」を導入しているが（近畿観光開発の経理台帳記録、2006年閲覧）、道祖神や金精様の（ありのままのかたちの復元・地域名を含めた紹介という意味での）「再現」とはやや性質を異にすると思われる。

4　秘宝館の展示物

秘宝館にはどのようなものが展示されているのだろうか。表２にまとめた。

最も象徴的な展示は、（訪問者参加型の）等身大人形の展示だ。入館者がボタンを押したりハンドルを回したりすると、等身大人形またはその周辺に変化が起きる。その間接的な変化を入館者自身が楽しむことができるという展示だ。前掲の写真１と同じように、嬉野のマリリン・モンローの蠟人形も、手前のハンドルを回すと下から風が吹き、スカートがめくれる仕組みになっている（写真15）。これはパリやロンドンにある蠟人形館のマリリン・モンローの展示（写真16、17）とは根本的に異なる趣向だ。

写真15　嬉野武雄観光秘宝館のマリリン・モンロー（2005年撮影）。ハンドルを回すとスカートがめくれる。

写真16　パリのグレヴァン蠟人形館のマリリン・モンロー（2006年撮影）

写真17　ロンドンのマダム・タッソー蠟人形館のマリリン・モンロー（2006年撮影）

パリやロンドンの蠟人形館では、蠟人形に直接触れることができるが風は人形の足元から自動的に吹いてくる仕掛けになっていて、入館者が蠟人形の周辺に間接的な変化を及ぼす仕組みではない。一方、秘宝館のマリリン・モンローはガラスのなかに展示されていて、直接触れることはできないが、入館者はハンドルを回して風を起こすことで、人形の周辺に間接的な変化を及ぼすことができる仕組みになっている。このような、訪問者が参加して楽しむ展示手法は、秘宝館の大きな特徴だ。

そのほかには、暗い照明、階段の多用、揺れる廊下などの仕掛けがよく見られる。医学模型（伊勢）（写真18）、動物の剝製（北海道）（写真19）、春画（嬉野）（写真20）、性風俗民芸品（嬉野）（写真21）、道祖神（北海道）（写真22）、土産《みやげ》売り場（鬼怒川）（写真23）なども特徴的だ。土産の例を写真24と25に示した。

本書では特に、本物とそっくりな等身大人形に注目したい。真に迫る等身大人形の存在は、秘宝館の成立と発展に関係する核心と考えられるからだ。

結論を先取りすると、秘宝館の歴史を考えるうえで重要なのは、伊勢の医学模型であると筆者は考える。伊勢の医学模型は、以後に新設された秘宝館には継承されなかった。医学模型をめぐるこの断絶には、秘宝館の歴史を読み解く大きな手がかりがある。

5　本書の構成

本書では、まず第2章で「秘宝館の誕生」と題して伊勢の秘宝館に注目したい。秘宝館はどのような文脈で日本に誕生したのか。そこにはどのような特徴があったのか。人々にどう受け入れられたのか。そして、伊勢の特

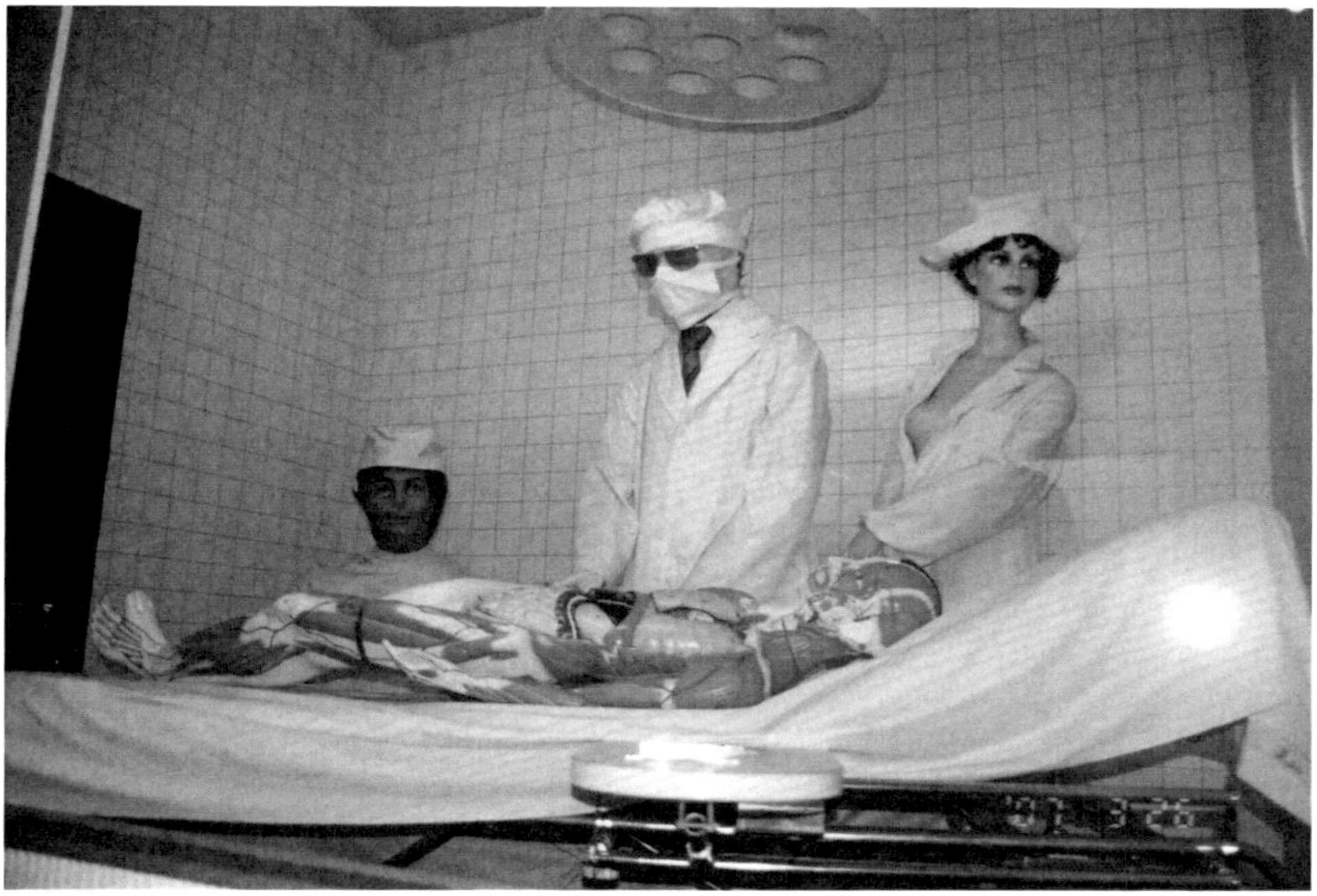

写真18　「保健衛生コーナー」の「解剖室」（元祖国際秘宝館伊勢館）（2007年撮影）

写真19　動物の剥製（北海道秘宝館）（2005年撮影）。交尾の様子を展示している。

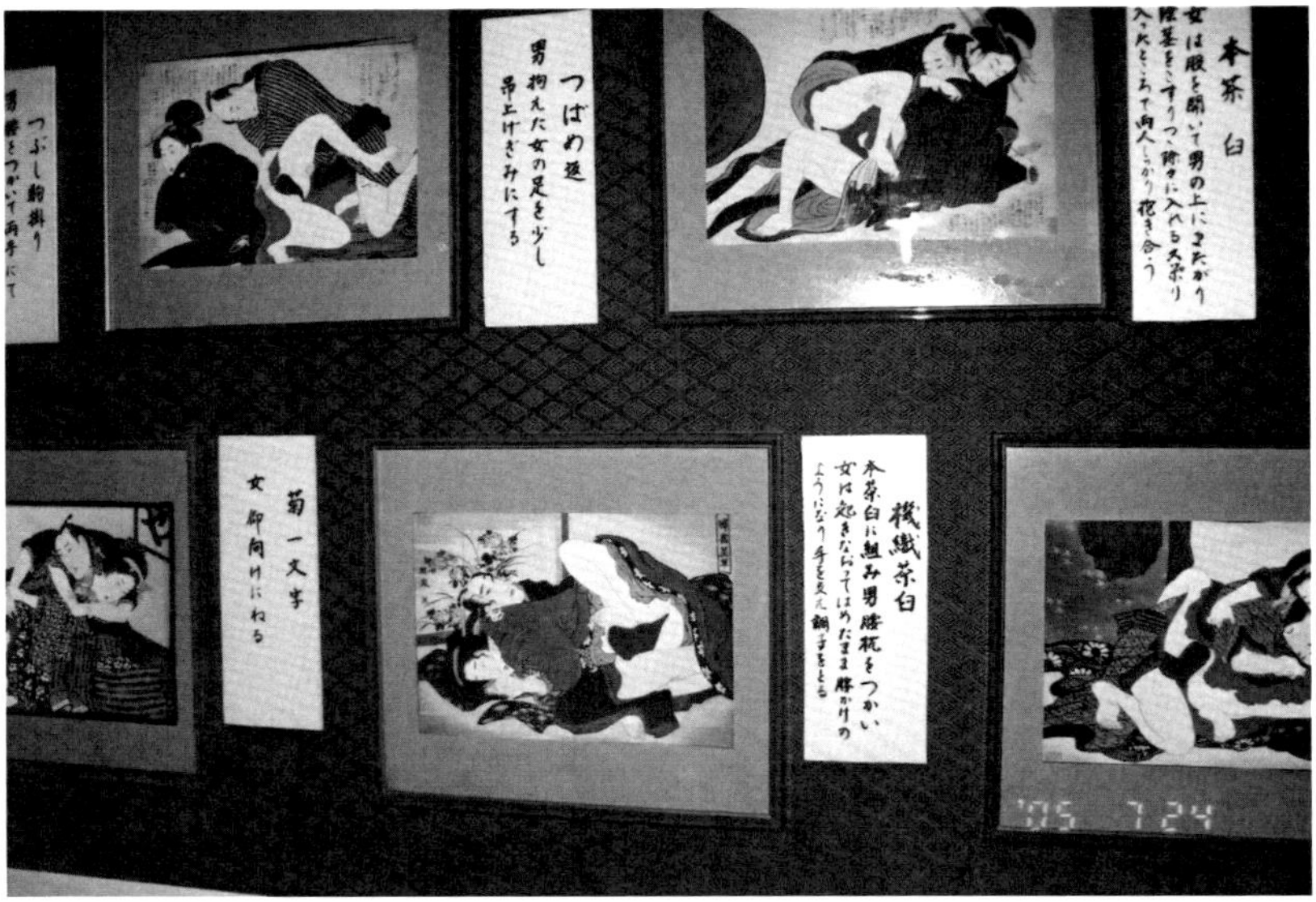

写真20　「英泉・歌麿呂　枕草子」と書かれたコーナー（嬉野武雄観光秘宝館）（2005年撮影）

写真21　「性風俗民芸品」と書かれたコーナー（嬉野武雄観光秘宝館）（2005年撮影）

写真22　群馬県吾妻郡の「女神の乳をさわる道祖神」（北海道秘宝館）（2005年撮影）

写真23　土産売り場（鬼怒川秘宝殿）（2005年撮影）

写真24　鬼怒川秘宝殿の土産（2005年購入）。「人肌で温めると鶴が飛び去ります」という説明があり、指で温めると鶴の絵が消える。この土産は現在は販売されていない。

写真25　熱海秘宝館の土産（2013年購入）。「熱海秘宝館　子宝　かすてら焼」。この箱の上にある絵「子宝観音（みこすり観音）」は館内に展示されている。

徴である医学模型の歴史的文脈と意味を問う。

第3章では「秘宝館の発達」と題して、伊勢以降に生まれた秘宝館（特に北海道秘宝館）に注目したい。それらは医学模型を回避し、アミューズメント性を強化し、展示場の入り口に道祖神を展示した。こうした展示の変化の背景には、当時の社会史的背景の変化や旅行する女性の存在も関係しているようだ。秘宝館と女性――これをとても不思議な組み合わせだと思う人もいるかもしれない。その謎に第3章では迫りたい。北海道秘宝館新装時のパンフレットには、「おんなの広場ＯＰＥＮ!!」「世界で初めての〝おんなの遊園地〟誕生!!」とある（写真26）。伊勢以降に生まれた重要な秘宝館の一つである北海道秘宝館が、このように女性客を意識しながら定山渓という温泉観光地のなかでどのように発達したのかについて取り上げる。これらの章では、秘宝館の誕生と発達を見ていくなかで、秘宝館を生み出した人物や秘宝館の発展に関わった人たちの人生にも触れることになるだろう。

第4章では「秘宝館の変容と新たな魅力の誕生」と題して、嬉野の秘宝館と熱海の秘宝館を取り上げる。秘宝館の入館者数は減少傾向にあり、すでに述べたように嬉野の秘宝館は二〇一四年三月の閉館が決まっている。けれども秘宝館が失われていくいま、秘宝館の魅力が再発見されつつあり、熱海のように若者に人気がある秘宝館もある。秘宝館がいまもなお魅力があるとすれば、それはどのような文脈においてなのかを考えてみたい。

第5章では「遺産としての秘宝館」と題して、秘宝館の文化的な意味を考えて結びとしたい。「複製身体の観光化」の歴史から見た秘宝館、日本のアミューズメント史から見た秘宝館、観光のありかたと秘宝館など、いくつかの角度から秘宝館を見てみたい。秘宝館の歴史的意義とヨーロッパの医学的な展示との関連性についても検討してみよう。

写真26　北海道秘宝館の新装時パンフレット（推定1987年、2005年受け取り）

注

（1）柳田國男『遠野物語』一九一〇年（柳田國男『遠野物語』大和書房、一九七二年）（なお、『遠野物語』十六話では「コンセサマ」と記されている〔一九七二年、七三ページ〕。）

（2）吐夢書房編『秘宝館——日本が生んだ世界性風俗の殿堂』オハヨー出版、一九八二年

第2章　秘宝館の誕生

1　元祖国際秘宝館伊勢館の概要

伊勢に日本で初めての秘宝館ができたのは一九七二年十月のことだ。

会場案内図（写真27）によれば元祖国際秘宝館伊勢館は展示面積六千平方メートル、展示品数約一万点を備える巨大な展示施設で、三重県度会郡玉城町（伊勢市郊外）に位置していた。筆者の調査時（二〇〇五年）には、入り口で入場券を購入すると、右手で「秘宝オジサン」と「秘宝オバサン」が入館者を迎えていた（写真28）。「伊勢路衝撃の珍名所」というポスター（写真29）もあった。

国際秘宝館という名称からもわかるように、「国際」という部分が強調されている。それも踏まえてのことだろう、ギリシャ神話、エスキモーの出産、アフリカの女性性器切除、中世ヨーロッパの拷問風景、伊勢古市の遊郭などを等身大人形によって再現し、性をテーマにここから世界各地をまなざす形式を採っていた（二〇〇五年調査時）。

開館当初に作成されたチラシの「国際秘宝館　概要」には、次のように書いてある。

写真27 「元祖国際秘宝館伊勢館会場案内図」(元祖国際秘宝館伊勢館)(2005年撮影)。この案内図は１階外にあり、２階が入り口になっていた。

写真28　元祖国際秘宝館伊勢館入り口を入ったところで「秘宝オジサン」が入館者を歓迎する（2005年撮影）。右端には「秘宝オバサン」も見える。

写真29　元祖国際秘宝館伊勢館内に貼ってあったポスター（B2サイズ）（2005年撮影）

当コレクションは〝性愛〟をテーマとし、世界数十ヶ国より八年有余の歳月と数億円の巨費を投じ絵画・彫刻・写真・標本などを蒐集してまいりました。
人間本来の愛の表現は世界の異る民族に於ても共通の喜びなのです。そして〝性愛〟こそ真の愛の原点とも云えましょう。広く国際的視野に立ち蒐集してまいりました。愛のコレクションを皆様に公開できる事に依って〝性愛〟の神秘と喜びをより深く理解し、人生の座右の喜びとして頂ければ倖いと存じ、ここに国際秘宝館と名打《（ママ）》ち開設致しました。尚今後一層蒐集に努め、より充実した愛の世界を創り出したいと存じます。
（引用者注：原文では「〝性愛〟の神秘と喜びをよ」という部分に下線があるが、省略した）

館内には景品が当たるおみくじもあった。なお、一九七〇年の大阪万国博覧会（以下、大阪万博と略記）の立体映像は伊勢の秘宝館に影響を与えたという。同館が日活ロマンポルノに依頼してオリジナル映画を制作し、上映していた時期もある。

近畿観光開発の記録によれば、秘宝館の入館者数は一九七七年末までに百万人を、八二年には二百万人を突破している（表3）。ピークの七七年には年間二十七万三千七百四十八人を記録した（この数字は、一日平均で約七百五十人だ）。なお、伊勢の秘宝館の全貌は、元祖国際秘宝館伊勢館の映像ドキュメンタリー『伊勢エロスの館』(1)に収められている。

二〇〇五年の調査開始時には、一号館から四号館までの展示内容は「ギリシャ神話コーナー」「アニマルパラダイス」「陰部神社」「保健衛生コーナー」だった。本章の後半では、四号館の「保健衛生コーナー」に展示されていた医学模型に注目したい。というのも、それが秘宝館の歴史を解明するための鍵になるからだ。

表３　元祖国際秘宝館伊勢館の入館者数の推移（1972―1985）

1972	9,952
1973	107,276
1974	154,013
1975	198,989
1976	263,770
1977	273,748
1978	237,914
1979	250,161
1980	267,906
1981	203,679
1982	149,142
1983	98,022
1984	86,102
1985	76,434

注：1972年は10月14日オープンと記載されていて、約２カ月半の記録である。1986年は７月までの記録があり、７カ月間で36,516人だった。この資料は2006年に松野憲二氏から提供を受けた。

2　秘宝館を生んだ松野正人氏

日本で初めての秘宝館を創設したのは、松野正人氏（一九二九―八九）だった。元祖国際秘宝館伊勢館の開館当初の写真には、鏡で囲まれた廊下を歩いている正人氏の姿がある（写真30）。正人氏のライフヒストリーに関心をもち、正人氏の次男・松野憲二氏（一九五五―）に話を聞いた（二〇一三年）。憲二氏によると、正人氏の父・勢太郎氏は長崎県五島列島の出身で、何年もかけて手漕ぎのボートで東京に行こうとしていたという。その途中で愛知県に立ち寄り、渥美半島で妻となる女性と出会う。そのあとも夢をあきらめることなく上京し、東京で松野正人氏が誕生した。

正人氏が小学校低学年だったとき、親子は鳥羽に移り住んだ。勢太郎氏は鳥羽で漁師をして生計を立て、真珠の仕事も手がけていた。御木本幸吉（一八五八―一九五四）による養殖真珠事業が世界規模に拡大していくのと

写真30　開館当初（1972年10月）に鏡の廊下を歩く松野正人氏。松野憲二氏提供（2013年）。写真の右側に、「OCT・72」という文字が見える。

同じころだった。貝細工（ボタン）も作り、鳥羽の港に来航する外国船の船員たちにブローチやボタンを売りにいっていた。

正人氏は成長し、事業欲の旺盛な青年になった。やがて松野工芸を設立し、真珠ではなく、貝に彫り物をする仕事を始めた。一方で正人氏は、常に新規事業のアイデアを模索していた。例えば、女性のストッキングがまだ普及していなかった時代にストッキングを編む機械を購入して生産に入ったが、にわか仕込みだったため、また、大手メーカーが開発した優れた材質の商品には勝てずに失敗したようだ。また、一九五九年の伊勢湾台風の際には、壁や屋根が吹き飛んでいる状況を見てトタンが必要だと考え、大量に仕入れをしたものの、やはり大手の業者には太刀打ちできなかった。だが正人氏は失敗を繰り返しても意欲を失わず、商機を試し続けた。

憲二氏が小学校一年生のとき、家族は伊勢に転居した。そこで、指輪の台が手作りだった時代に指輪のキャスト（型）を開発し、その生産方法を確立し、大量生産に寄与している。指輪の台や爪を大量生産できず、また生産性が低かった状況のなかで、型を作ってそこに流し込む方法を考案したのだ。正人氏はその技術をもとに大阪などに売り込みにいって説明し、作業所の規模は小さくても効率よく月に何千個も生産できる自らの会社の生産能力をアピールしたという。五、六人という少人数の作業所であっても、一度にたくさん納品できる技術をもっていたため、数の多い注文や全国規模の注文にも対応できることが強みだったのである。

憲二氏が小学校三年生のころ、正人氏は社名を松野工芸から松野パールに変更し、株式会社とした。これで成功を収め、卸売りに加えて直売も始めた。正人氏の真珠は、一九六四―六五年にニューヨークで開催された万国博覧会[2]にも出品されたようで、正人氏はニューヨークに渡って、フジヤマ・パールの名で展示と販売をおこなった。伊勢の駅には市長も見送りにきたという。当時日本の真珠は珍しく、大変な好評を博したようだ。

正人氏が近畿観光開発を設立し、ドライブイン・パールクインを開設したのもちょうどそのころ、一九六三年八月のことだった（社歴によるとこの時期だが、憲二氏によれば、ニューヨークの万国博覧会のあとだった記憶があるということだ）。このドライブインのなかに、のちに秘宝館が建設されることになる。ドライブインがあった県道三十七号線（旧国道二十三号線）の周辺にはかつて田と山しかなかったが、正人氏は土地を切り開き人を集めたことによって、玉城町の発展に貢献している。バイパスや高速道路がない時代、伊勢神宮に向かう団体観光バスは必ずこの有料道路を通る必要があり、ドライブインは多くの観光客を受け入れた。正人氏は、アメリカでドライブインやモーテルを見たのをヒントに、「日本もこれからは車社会になる」と考えたという。パールクインは団体観光客の重要な中継地点としての役割も果たし、例えば道路に関する情報の提供など、今日の高速道路のパーキングエリア的な役割と情報発信機能を備えていた。六五年ごろからは、旅行会社とも協定を結び始めていたらしい。ドライブインは二十四時間営業だった。

ドライブインのなかには真珠の直売所、レストラン（百人程度の団体客にも対応可能な食堂）、宿泊施設などを開設した（その前には、クレー射撃やフィールドアスレチック、スカッシュなどの遊戯場を作るアイデアもあったという）。ボウリング場は憲二氏が高校一年生のころにできたというから、一九七一年ごろの開設だろう（社歴にも七一年七月に「パールクイン　ボウリングセンター」を「オープンする」という記載がある）。

ボウリングの第一次ブームが下降線をたどるころ、正人氏はボウリング場の半分を秘宝館の展示場として活用した。もともとは食堂でコレクションを展示していたのがきっかけだったが、「秘宝館」を始めることにしたのである。それが一九七二年十月のことだった。展示は正人氏が海外旅行で集めてきた品物や等身大人形が中心で、七四年四月には展示スペースを増築した。さらに七九年七月には、インド旅行で見たタージ・マハルをモデルとした建造物を立てた（写真2）。その後、自由の女神像を作る計画もあったそうだが、地元の人々の反対にあい、あきらめた。

憲二氏は、「性がタブーとされていた時代であっても、性に関することにはみな興味がある。しかも、性に関することはなくなっていかない。だから秘宝館も永遠に続くと思ったらしい。見た人も新しい世代に続いていく。当時、そのような施設がなかったため、ブームになったのでは」と、正人氏の思いと時代を推し量る。なお、「国際」に込められた意味について、憲二氏は次のように語る。「世界に一つだろうという意味と、世界に羽ばたいていきたいという夢、世界に通用する施設にしたいという望みがあったから」ではないかと。正人氏は近畿だけでも日本だけでもなく、世界を射程に含めていたようだ。

正人氏は宣伝が上手で、ラジオやテレビに積極的に出演した。道路の看板広告も出した。広告費に年間三億円使ったそうだ。ラジオでの『性に関する何でも相談』のレギュラー出演、テレビ（『11PM』[3]『あなたのワイドショー』[4]など。一九七五年）、広域CM（岐阜・名古屋・三重・大阪・京都・東京）のほか、『特別機動捜査隊』[5]のロケ地に秘宝館が選定される（一九七六年に二回）など、テレビによって秘宝館の存在は多くの人々に知られるようになった。

開館時に作られたという「国際秘宝館小唄」（巻末資料を参照）は、「文化遺産としてのCMソングを、改めて聴き直してみよう」という文言が添えられた『懐かしのCMソング大全⑤　1974―1979』（東芝EMI、二〇〇〇年）にあとから「秘宝館小唄」という題名で収録（ステレオ録音）されているほどであり、認知度は高かったと思われる。

その結果、テレビでは見られない展示内容に興味をもった人々が実際に足を運んだのだろう。一九七五年には十九万八千九百八十九人だった入館者数が、翌七六年には二十六万三千七百七十人へと大幅に増加している。テレビというメディアが、秘宝館という見世物の成長を促したのだ。正人氏は、お客が行きたいと言えば旅行会社やバス会社もその要望に応えざるをえないと考え、お客自身に興味をもってもらう方法を実践したのだ。そして、自ら「元祖国際秘宝館性学博士」を名乗り、入館者には、「性愛学指導員之証」を発行した（写真31）。「秘宝オジサン」のシールも作っていたようだ（写真32）。

正人氏は地元の観光振興にも尽力し、三重県ドライブイン協会理事・三重県物産振興会理事・伊勢市観光協会理事・伊勢市商工会議員常議員などを歴任し、「県内在住著名人」として『伊勢年鑑』にも名前が残っている。(6) 憲二氏によると、近畿観光開発の社員は、最盛期には（秘宝館だけではなくドライブインやボウリング場など他事業所も含めて）二百人を超えていたという。それは、元祖国際秘宝館の姉妹館である鳥羽館（SF未来館）（写真33、34、35）や甲府石和館（写真36、37）をオープンさせたころだったという（『秘宝館』の年表によれば両者とも一九八一年に開館）。多数の社員が観光客を迎え、観光客の娯楽を支えていたことがわかる。

3　秘宝館の誕生を支えた歴史的要因

ここまで松野正人氏のライフヒストリーを見てきたが、ここで、秘宝館が誕生した時代とはどのような時代だ

性愛学指導員之証
氏名 殿
KOKUSAI HIHOKAN
貴殿は元祖国際秘宝館にて第３４期生として男女性愛の全教科を優秀な成績をもって修めたことを証明しこゝに指導員の資格を授与する。
元祖国際秘宝館性学博士 松野
近畿観光開発株式会社
本社 三重県伊勢市郊外玉城町 ☎0596-25-1251
性愛学履修科目
48体位性交態位研究科
人体骨格内臓学科
性愛の補助具研究科
愛撫の技術応用科
受胎調節指導科
異常性愛特別研究科
生殖原理研究科
性道徳教養学科
伊勢館 三重県伊勢市郊外旧23号線沿 ☎0596(25)1251
鳥羽館 三重県鳥羽市駅前通り５分 ☎0599(26)5010

写真31 「性愛学指導員之証」（2013年、松野憲二氏提供）

写真32　「元祖国際秘宝館」シール（元祖国際秘宝館伊勢館）（2007年受け取り）。松野憲二氏によると、このシールは販売やプレゼント用ではなく、パンフレットに貼るなどしていたという。

写真33　元祖国際秘宝館鳥羽館（SF 未来館）（閉館後、2005年撮影）

写真34　元祖国際秘宝館鳥羽館（SF 未来館）パンフレット表紙（レトロスペース・坂会館所蔵）（2014年閲覧）

写真35　元祖国際秘宝館鳥羽館（SF 未来館）入場券（レトロスペース・坂会館所蔵）（2014年閲覧）。「秘宝オジサン」の隣に女性がいることについて、松野憲二氏の説明では、「秘宝オジサン」が結婚したという設定だという。また、この女性は、写真28に写っている「秘宝オバサン」と同一の女性だという。

写真36　元祖国際秘宝館甲府石和館は、現在は量販店となっている（2005年撮影）。

写真37-1　元祖国際秘宝館甲府石和館パンフレット表紙（レトロスペース・坂会館所蔵）（2014年閲覧）

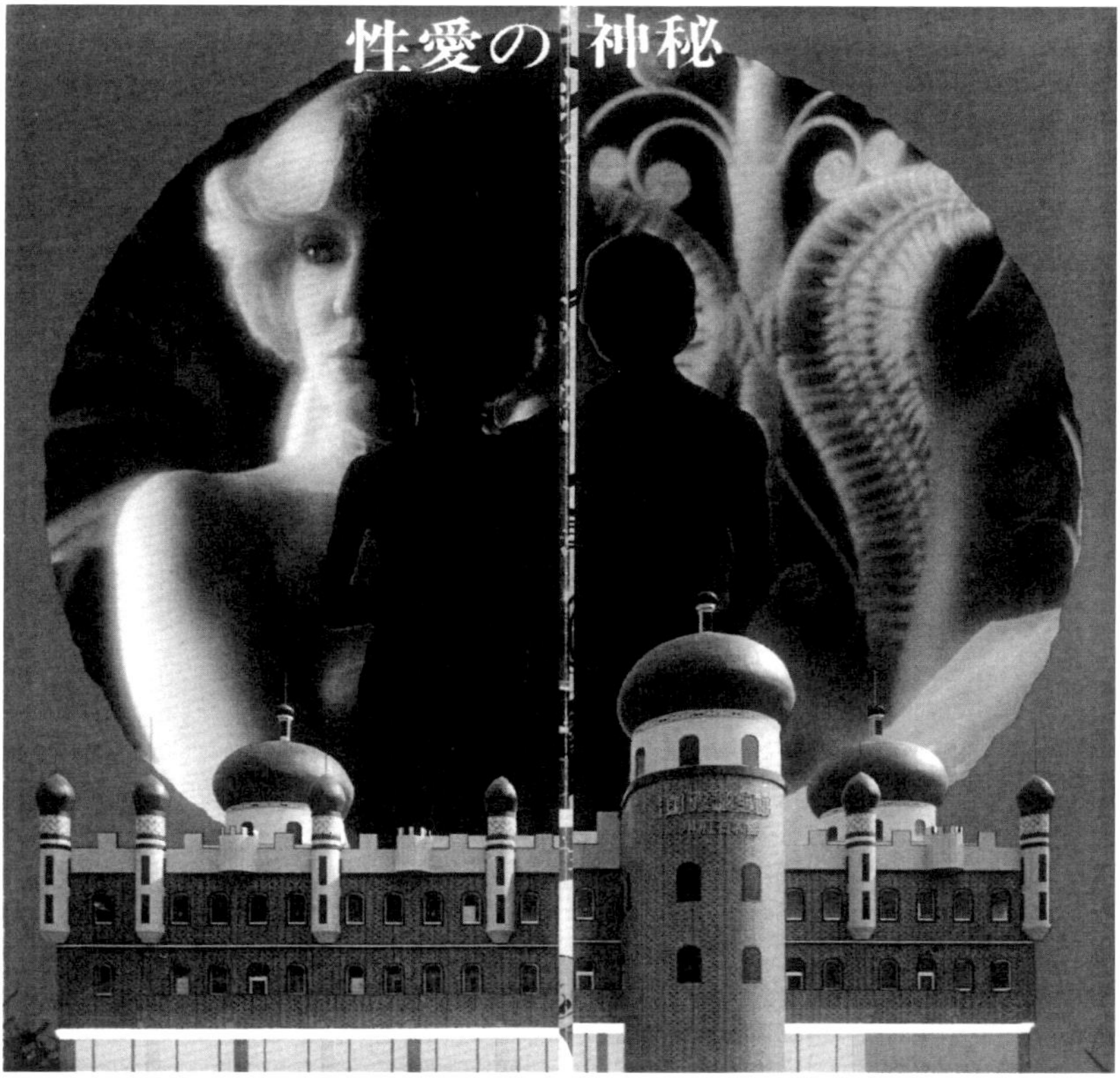

写真37-2　元祖国際秘宝館甲府石和館パンフレットのなかを開けたところ（レトロスペース・坂会館所蔵）（2014年閲覧）。さらにこのなかを開けることができる。開く前にすでに「秘宝オジサン」が顔をのぞかせている（中央下）。

ったのかを概観する。そして、社会情勢の変化と秘宝館の盛衰との間に何らかの対応関係があるのか、という問いについて考える。

一九七〇年代初頭は、労働時間の減少にともなう自由時間の増大、経済発展による所得水準の向上、生活や仕事に対する意識や価値観の変化を背景として、「レジャー・ブーム」「余暇時代」といわれるようになっていた。では当時、どのような余暇があったのだろうか。『日本人の生活時間1970』[7]の「生活行動分類表」の「趣味・娯楽（レジャー活動）」の「行楽・散策」欄に、そして『図説　日本人の生活時間1973』[8]の「行動分類表」の「趣味・娯楽」の「行楽・散策」欄のなかにも、「散歩、ドライブ、バス旅行」（傍点は引用者）が含まれている。当時はバス旅行も重要な行楽の一つだった。モータリゼーションがまだ十分に進展していなかった時代にはバス旅行が大きな意味をもっていたと考えられるが、すでにこのころ、モータリゼーション進展の兆しは見え始めていた。

例えば、日本の乗用車保有台数は一九七二年に一千万台、七九年に二千万台、八九年に三千万台を突破したと言われているが[9]、これは松野正人氏の「日本もこれからは車社会になる」という予測とも対応関係にある。当時の貸し切りバス旅行のデータも興味深い。三重県の資料によれば、伊勢志摩スカイラインの貸し切りバス交通量は、一九七〇年には二万千台前後だったが、八五年に一万五千台を、九四年には一万台を切った[10]。車の保有台数が増えれば増えるほど、貸し切りバスでの旅行は減少していったと考えることもできるだろう。

秘宝館は「みんなで行く」団体バス旅行の時代の産物でもあった。観光客数の参考資料として伊勢神宮の参拝者数を見てみると、秘宝館が開館した年である一九七二年は約六百二十万人、遷宮があった七三年は約八百五十九万人、七四年は約八百八万人、七五年以降も六百万人台を保っている。その後、遷宮があった九三年は八百三十八万人以上を記録している[11]。一方、伊勢の秘宝館は、七七年の二十七万三千七百四十八人をピークとして、八〇年代初頭から入館者数が減少傾向に転じる。伊勢神宮の参拝者数と秘宝館の盛衰に相関関係は見られない。

次に、「伊勢の秘宝館には誰が来たか」という問いについて考える。この問いは、「この時代、誰が旅行に行くことができたのか」という問いとも関連する。二〇〇五年と〇六年の調査時に近畿観光開発の営業部長を務めていた小川正二氏によると、秘宝館の入館者は開館当初、「団体・男性・年配」が多かったという（本章の小川氏の発言はすべて調査当時の記録による）。

女性はこの時代、どのような社会経済的な状況にあったのだろうか。一九五〇年代半ばから七〇年代初頭にかけての高度成長期には、産業構造の転換、農業人口の減少、都市への人口流入、サラリーマンの急増、長期雇用や年功序列などの日本的雇用慣行の普及・定着が見られた。この間、女子労働力率は低下した。その数値は七五年まで戦後三十年間下がり続け、その後、上昇傾向に転じた。日本の社会史的背景から見ると、伊勢の秘宝館は、女性の主婦化が進むさなかに開館したことがうかがえる。

では、女性には余暇の時間や旅行の可能性はあったのだろうか。一九七三年の国民生活時間調査が明らかにしているように、一九七三年時点での主婦の家事時間は六〇年や六五年の調査時よりもむしろ「増加」していて、成人男子は日曜になると労働時間が短くなることによって余暇活動時間が大幅に増加するが、成人女性では日曜も家事時間が短くならず、余暇活動時間が大幅に増大していないと指摘されている。(12) これは小川氏の回顧とも関連しているようだ。

だが、秘宝館が女性客を意識しなかったわけではないようだ。二〇一三年に松野憲二氏にこの点を問うたところ、「女性も性やセックスに当然興味があるはずであり、女性客も受け入れる気はあった」し、また実際に「婦人団体、つまり婦人だけの旅行バスもどんどん来てくれた」「婦人専門の旅行客も来てくれた」という。松野氏は女性も同性だけの団体なら訪問しやすかったのではないかと振り返る。これは秘宝館の全盛期以前からの傾向であり、全盛期には男性客も女性客も訪問したという。ただし、入館者の性別比率の統計は残っていない。世代的には年配者が多かったという。松野氏は「子どもが成人してからだったのだろう」と振り返るが、まさにこの点は、秘宝館の歴史を考えるうえで重要な点だと思う。「ポスト育児期の早期化」つまり、育児を終える年齢が以前と比べて早くなったことも、余暇の社会史という観点から見逃すことができないだろう。

社会学者の落合恵美子によれば、女性と子どもの統計データを見ると、高度成長期には安定した構造的なものが読み取れるという。これを落合は「家族の戦後体制」[13]と呼ぶ。落合によれば、その特徴は三点ある。つまり、女性の主婦化が進行したこと、ほとんどの人が適齢期に結婚して子どもを約二人産む時代だったこと、その時代を担ったのは一九二五年から五〇年生まれの人たちで、その世代は非常に人口が多い世代だったことである。

この時代に生まれた人たちは数多い兄弟姉妹のなかで育ったが、彼ら自身が成人して結婚すると（この時代には、ほとんど全員が結婚した）、子どもを二人くらいにとどめるようになった。子だくさんだった彼らの親世代は育児に数十年を費やしたが、高度成長期のころに彼ら自身が親世代になると、子ども二人の家庭が多くなり、育児を終える年齢も早くなった。これは当然、余暇や旅行の機会を早めたのだろう。

したがって、当時の国民生活時間調査の統計を見ると、小川氏の証言のように当初は男性・年配・団体客が多かったことも、松野氏の証言のように女性客が全盛期の前にもさなかにもある程度訪れたことも、社会史的な観点から見る時代変遷とも歴史的に対応しているといえるだろう。

写真30では松野正人氏の後ろに来賓の女性が写っているが、開館記念式典や盛大な記念パーティーの写真にも女性の姿がある。来賓の女性が二人で館内を回っている写真も数多く残されている。松野正人氏自身も開館時から男性客だけでなく、女性客をも意識していたのかもしれない。

筆者が松野憲二氏に入館者の性別比率について問い合わせて、受け取った返事である二〇〇六年十月十三日付の手紙をここで紹介したい。それは一つの記録となる。この文章からは、女性客は年配が多かったこと、〇六年当時は若者が多くなっていたことなどが読み取れる。

男女の比率は、残念ながら記録として残していませんでした（入館料は、確かに女性が百円引きであったと思いますが、人数把握は男女共の記録しかございません）。ただ、当時の担当者たちの記憶では、オープン当初は圧倒的に男性が多く、ピーク頃から女性のお客様も増えてまいりましたが、三〇％まではいっていなかったように思います。年齢については、当時盛んに行なわれていた慰安旅行、町、村の消防・青年団の旅行などのお客様が多かったこともあり、一概に言えませんが平均では年配の方が多かったように思います。特に女性の方は、年配の方がほとんどでした。最近は、若い方がほとんどで、アベックであったり、女性の小グループ旅行客が多いようです。

話をより古い時代に戻そう。団体旅行客を迎えるために、伊勢の秘宝館は「フロントガイド」を配置したという。バスから秘宝館の入り口まで案内する専属の職種で、バスが到着すると迎えにいって人数を聞き、チケットの準備をしたり値段の交渉をしたりした。この職種には女性を採用し、時給も高く設定したという。入り口の受付には一人か二人が常駐し、交代で勤務していた。やがて女性の館長も誕生した。二〇〇五年と〇六年の調査時には、女性の館長だった。その館長は「フロントガイド」出身だった。

4 「保健衛生コーナー」の医学展示

ようやくここで本題に入ることになる。この伊勢の秘宝館は、「保健衛生コーナー」を開館当初から設置していた。なぜ医学模型が秘宝館に必要だったのだろうか。小川正二氏によれば、創設者である松野正人氏は「胎児への病気感染や妊娠中の喫煙の有害性に気をつけてほしいという願いから、その趣旨を説明したうえで専門の会社に協力を依頼し、模型の製作について快諾を受けた」という。また小川氏は、「娯楽のなかに医学の展示があるという落差が効果的だ」とも言及していた。

展示内容は、次の三点――①病気の恐ろしさを示すもの、②医学的要素を含むもの、③新しい衛生知識を与えようとするもの――にまとめられる。具体的な展示物を表4にまとめた。

第1章の写真18は、表4内②の「解剖室」だ。①の「性病の恐ろしさを認識しよう」（写真38、39）は注目に値する。これはかつて大学医学部で教育のために作られて使用された蠟製皮膚病模型（ムラージュ）と酷似している。③の「いのち誕生」も伊勢を象徴する展示物だ（写真40）。「妊娠子宮模型　実物大」では、胎内十月の展示がある（写真41）。

表４　「保健衛生コーナー」の展示物

分類	具体的内容
①病気の恐ろしさを示すもの	「性病の恐ろしさを認識しよう」症例模型27展示（先天性梅毒新生児全身模型、梅毒病原体、淋菌、梅毒性白斑など）、癌模型（胃癌模型、肺癌模型、直腸癌模型、子宮癌模型、乳癌模型）、「飲酒運転は恐ろしい」（飲酒者と非飲酒者の内臓比較模型）など
②医学的要素を含むもの	「解剖室」避妊具の展示、「避妊の方法」（ポスター）、「医学用女性器実物大模型」「人体解剖模型」「男子生殖器模型」「ぜんそくと肺模型」、「ぜんそくの病理」（解説）、妊娠模型（「妊娠子宮模型」「子宮模型」「正規妊娠模型」「双胎妊娠模型」「骨盤狭窄妊娠模型」「横位妊娠模型」など）
③新しい衛生知識を与えようとするもの	「計画妊娠で子どもが産める」、医学図書出版の紹介、「いのち誕生」（妊娠中の母親の等身大人形と胎内胎児の模型、８段階）、受精に関する医学雑誌の展示、ポスター展示「受精『いのち』誕生！」「避妊について」「ピルの効果」「赤ちゃんが男？女？早く知りたい！」「現代の避妊の実情」、書籍の展示『赤ちゃんがいまでてくる／現場からシリーズ第十三回　お腹の中の赤ちゃんを撮った！』（中央通路ガラスケース内）など

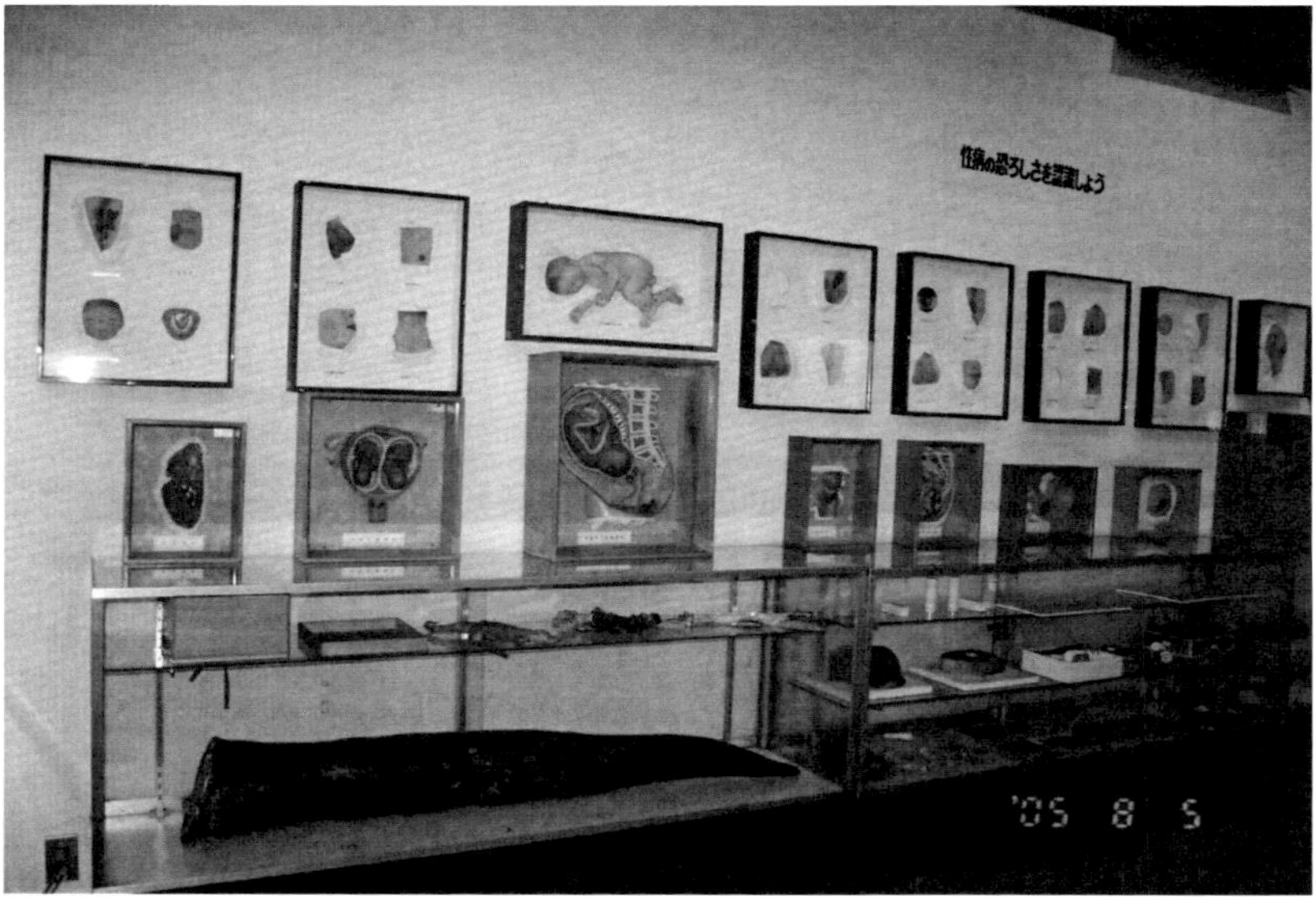

写真38　「性病の恐ろしさを認識しよう」のコーナー（元祖国際秘宝館伊勢館）（2005年撮影）

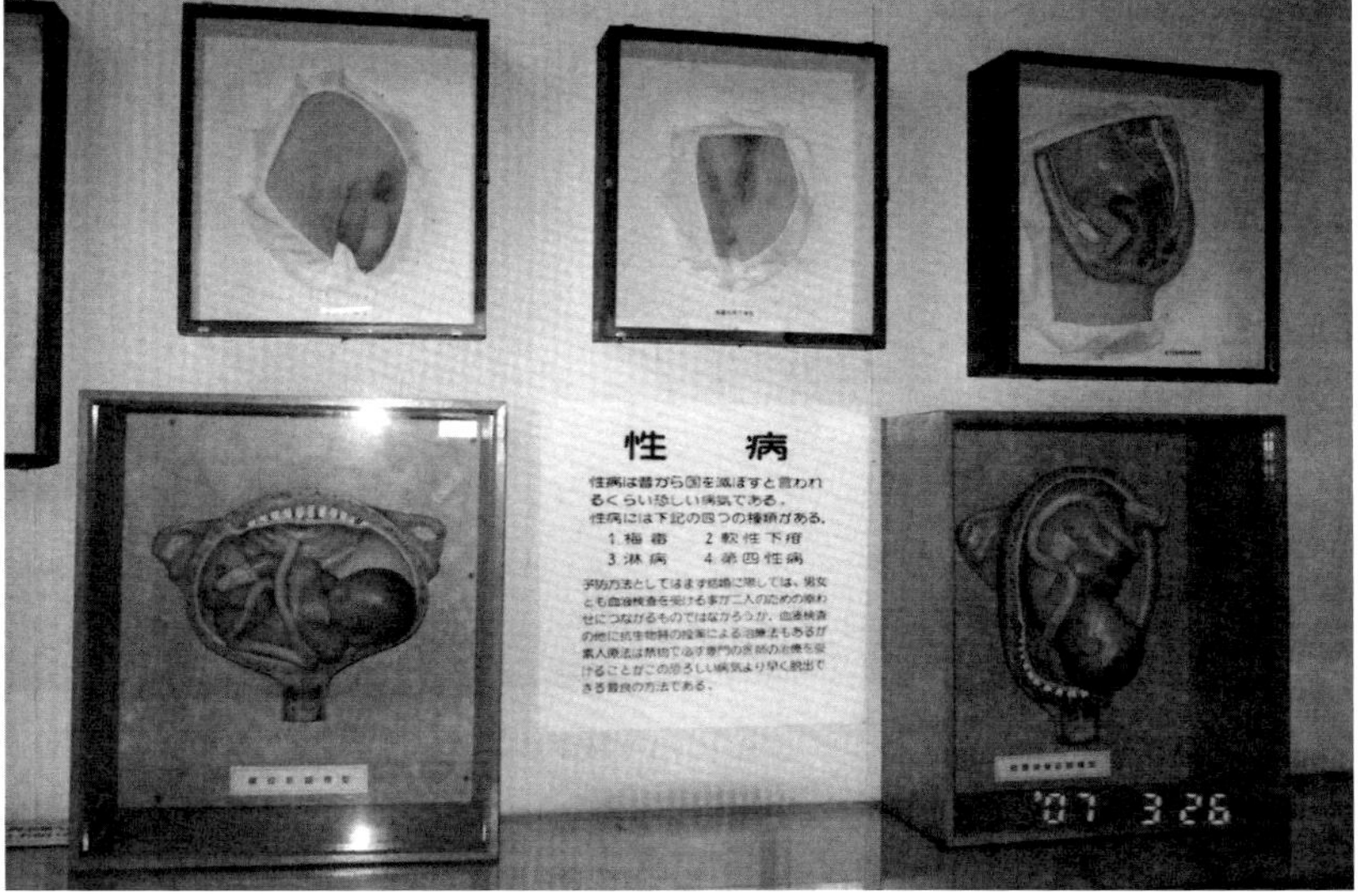

写真39 「性病」のパネル（元祖国際秘宝館伊勢館）（2007年撮影）。ここには、性病の種類と予防方法の説明が書かれている。胎内の模型も見られる。

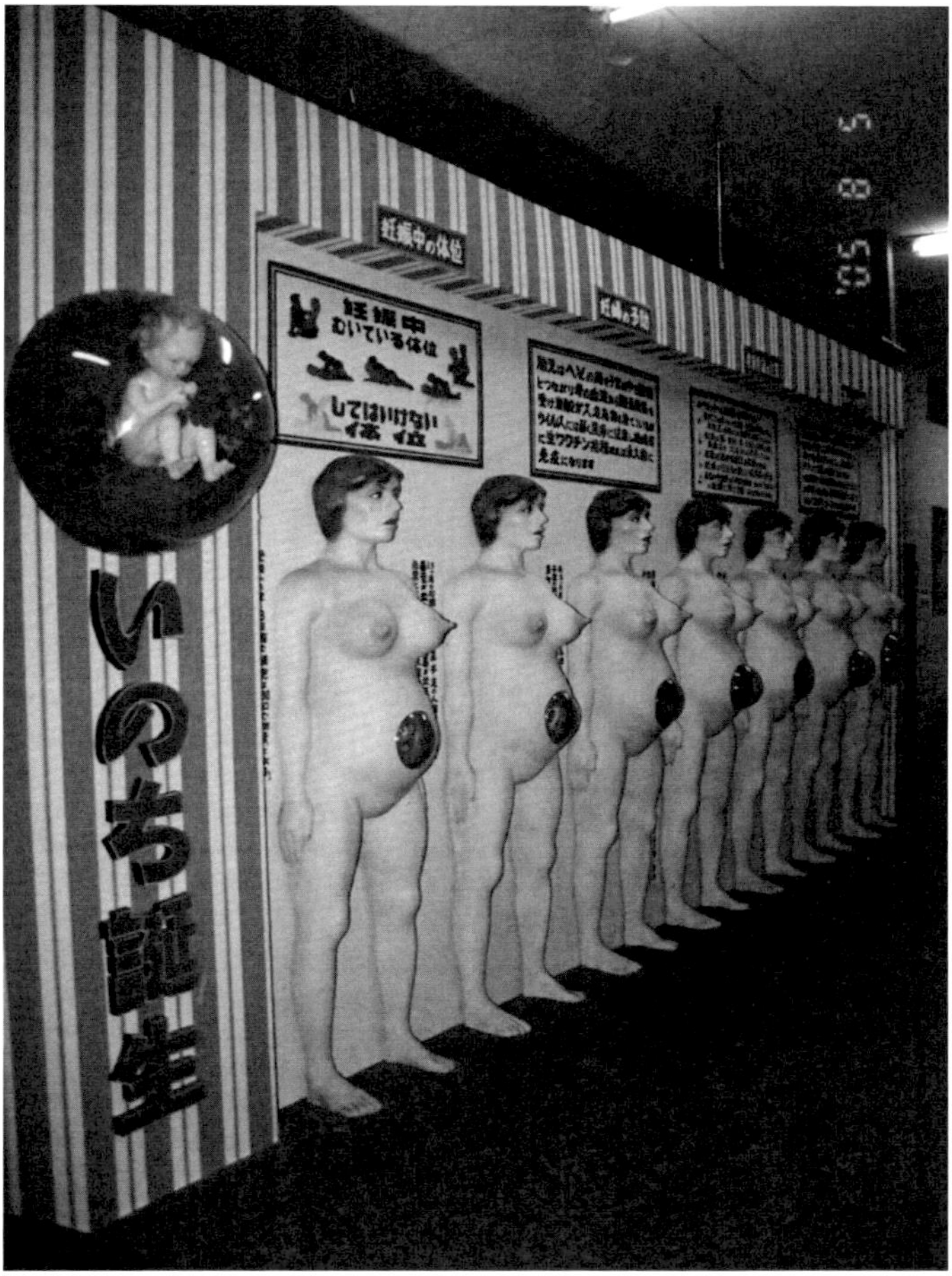

写真40　「いのち誕生」（元祖国際秘宝館伊勢館）（2005年撮影）。上のパネルには、「妊娠中の体位」（そこには「妊娠中むいている体位、してはいけない体位」と書かれている）のほか、「妊婦の予防」「産前産後の注意」「赤チャンの初声」の説明がある。

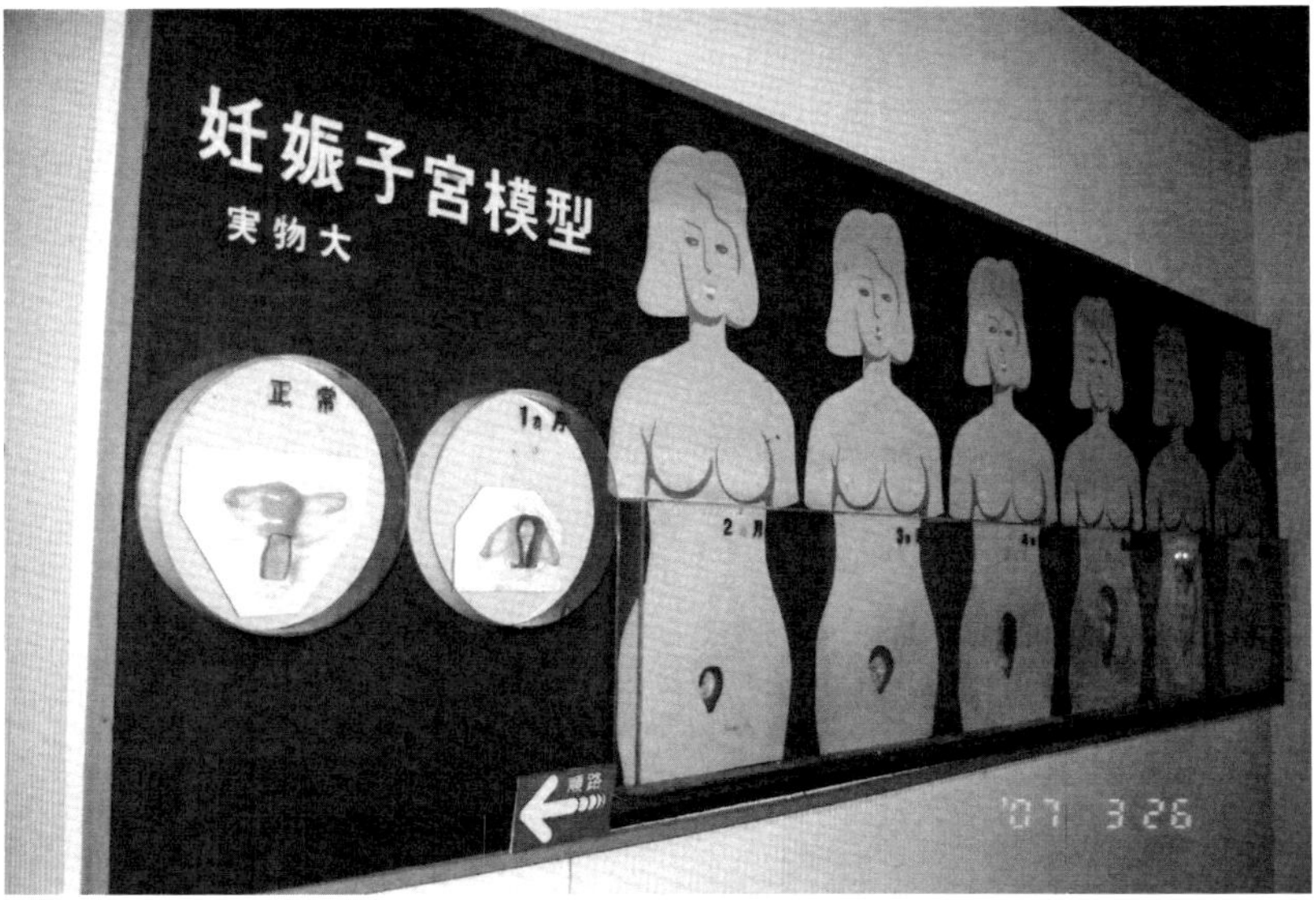

写真41 「妊娠子宮模型　実物大」と胎内の様子（元祖国際秘宝館伊勢館）（2007年撮影）

5　医学模型の歴史的な解釈

このような医学展示を、日本の歴史のなかでどのように位置づけ、解釈することができるだろうか。一つの解釈として衛生展覧会との連続性を指摘する研究者がいて、筆者もそれに同意している。田中聡の『衛生展覧会の欲望』によれば、衛生展覧会は一八八七年以降、大正・昭和期に盛んに開催され、一九六三年の赤十字博物館の閉館以後は、開催の記録が見当たらないとされている。[14]戦後しばらくは継続されたが、やがて失われた催しということができる。

その衛生展覧会と伊勢の医学展示の類似性は、田中聡、川井ゆうらが指摘している。例えば、田中聡は伊勢の「保健衛生コーナー」の展示を「衛生展覧会につきものの展示」[15]としている。川井も「衛生博覧会」と「現代でも類似した展示館を見ることができる」と述べ、秘宝館（その一例として伊勢の秘宝館）を挙げている。[16]田中雅一も、「見世物・レジャー産業としての秘宝館」として「衛生博覧会・展覧会との関係でいえば（博物館と同じ）啓蒙・国民化という視点も忘れてはならない」[17]と指摘していた。

秘宝館について考えるとき、衛生啓蒙のために展覧会で展示されていたような医学展示が、今度は観光客向けの私的な遊興空間に配置されたということなのだろうか、という問いも生まれる。ここで、身体模造という造形表現に注目してみたい。そうすれば、秘宝館の歴史的文脈を理解するための大きなヒントが得られるだろう。

本物そっくりの身体を模造するという技術の歴史は古く、等身大人形の歴史は、はるか以前にさかのぼる。朝倉無声の『見世物研究』によれば、「人形を初め模造や模型の類」は「細工」と称されていたという。[18]木下直之は『見世物研究』文庫版の解説で、「幕末に細工見世物の世界から勃興し、一世を風靡したものに生人形の見世物がある」[19]と述べている。「生《いき》人形」とは、松本喜三郎（一八二五―九一）らによる迫真性の高い等身大人形だ。朝倉無声によれば、細工類の見世物は明治維新後は次第に衰微したが、活動写真が伝来するまでは興行されていたという。その当時流行した見世物の説明として「生人形がやゝ飽かれ気味ながらも、なほ余威を揮つて毎年興行してゐた」[20]という。大木透によると、「活人形」は「明治の後期までは見世物として人気を維持していた」とされ「その後次第に衰微に陥」[21]ったが、木下は生人形を「近世から近代への橋渡しを果たした造形表現」[22]と位置づけている。生人形という見世物の「流行」は衰えたが、その「形式」は長く残り、「戦後になってもまだ、衛生博覧会といった催しなどに、その姿は見かけられた」[23]と、木下は述べている。荒俣宏も『衛生博覧会を求めて』で、「活《いき》人形」を「日本における真の衛生博覧会の開祖と呼んでよい」[24]と述べている。

ところで、生人形が栄えていた一八七二年、生人形の技術が高く評価され、松本喜三郎が人体模型の製作を東校（東京大学医学部の前身）から依頼され、約一年後に完成させたことはよく知られている（政府の依頼で製作した「骨格連環」などは一八七三年のウィーン万博にも出品されている）[25]。木下が『美術という見世物』で指摘するように、生人形も人体模型も、「人体模造という本質は何も変わらない」[26]のである。また、内山淳一も『江戸の好奇心』で、「精巧な細工技術という点において、科学と見世物とを隔てるものは何も存在しなかったのかもしれない」[27]と述べている。

この一連の流れから考えると、身体模造という造形表現に限ってみれば、「細工物」「生人形」「人体模型」「衛生展覧会」「（伊勢の）秘宝館」といった連続性があるともいえるだろう。もしこの立場に立つなら、秘宝館は突然生まれたものではなく、日本における身体模造の長い歴史の一つ（であり一つにすぎない）と考えることができるのではないか。筆者はその可能性を否定できないと思っている。

6　医学と見世物の併存

伊勢の医学模型が一九七二年の開館当時から展示されていることは、六三年の赤十字博物館の閉館から九年の断絶を経ているとはいえ、衛生展覧会との連続性の可能性を示唆しているのではないかと思う。その理由は、以下に示す業者の連続性からも読み取れる。

伊勢の解剖模型や症例模型には、「京都科学標本株式会社」（島津製作所標本部継承）という商標があった。そしてこの会社の模型は、開館当初から納められていた（写真42）。田中聡は『ニッポン秘境館の謎』で、伊勢の「標本類は、京都科学というレッキとした科学標本製作の老舗の製品だった」[28]と述べている。荒俣宏も、京都科学標本の前身・島津製作所は「「衛生展示用品」を制作販売する業者」「この業界最大の企業」[29]と述べている。医学模型を衛生展覧会に納入していた専門の会社と伊勢の秘宝館に納入していた業者が同一であることからも、その連続性は否定しきれない。

さらに、近畿観光開発の経理台帳記録[30]（開館当初である一九七二年十月の「京都科学」と書かれたページ）を見てみよう。「S．M．水車」「S．M．オリの中の女」「保健衛生」「飲酒運転」「人形二体」と書かれている。金額は順に、四百四十万円、二百三十万円、八十五万二千円、五十万円、三十万円と記載されている。この経理台帳記録は、解剖模型と性的な等身大人形が同時に納入されたこと、また、医学展示の技術が性的な等身大人形の製作に援用されたことを示しているようだ。

筆者はこの記録を見て大変驚き、調査を打ち切って寝込んでしまった。筆者のなかには、医学の模型は医学の

写真42　元祖国際秘宝館伊勢館開館時に挨拶する松野正人氏（1972年撮影、松野憲二氏提供）。この写真には、祝いの花と送り主の名が記されたプレートが写っている。この写真からも、医学模型が開館当初からあったことがわかる。

専門会社が、性的な等身大人形は別の会社が作っているのだろうという思い込みがあったのだ。しかしよく考えてみると、医学模型と性的な等身大人形には次の三つの共通点がある。第一に身体模造における迫真的リアリズムの追求、第二に私秘的な場面の暴露（体内や性的シーン）、第三に高度な専門的技術を要することだ。

伊勢の秘宝館が衛生展覧会の名残をとどめて登場し、性的な等身大人形も同時に配置したというこの記録は、医学模型と性的な等身大人形の連続性を示唆している。秘宝館は、衛生展覧会の機能を継承しながら、それに性的な要素を組み込んで、新たな観光産業として成立したということもできるだろう。

すでに述べたように、生人形の技術が人体模型のために応用されたことを考えれば、人体模型の技術が性的な等身大人形に応用されたとしても不思議ではない。前者は一八七二年、後者は一九七二年のことだった。百年の歳月を経て逆の現象が起きただけと考えれば、それほど驚くことではないのだ。

加藤秀俊は、（日本の）「見世物においては、道徳性と娯楽性が渾然一体として融合している」(31)と指摘したが、伊勢の秘宝館もそうだったのかもしれない。医学的啓蒙は「道徳性」の要だったし、「社会に役立つ元祖国際秘宝館」（写真43）という入り口の看板も思い出される。しかも当時は、医学の専門的知識や技術が一般にまだ浸透しておらず、性病や出産に関する啓蒙が必要な時代だったとも考えられる。そのため、病気になるかもしれないという恐怖や出産や生命に関する解説が、秘宝館の医学展示に意味をもたせた可能性はあるだろう。つまり伊勢の秘宝館の展示は、大衆に医学の知識を伝える役割、すなわち博物館的な要素をも備えた重要な資料だったといえるのではないか。しかし、やがて医学の展示は大衆の前から消えていった（医学が大衆のものではなく専門家のものになっていった過程を「医学の専門化」と呼ぶならば、この伊勢の医学模型は、そうした観点からも分析できることを添えておこう）。

本章では、伊勢の秘宝館は、身体模造の観点から見ると日本文化の歴史の流れのなかに位置づけられること、そして医学と娯楽の併存について述べてきた。ここで伊勢の秘宝館の娯楽性についても補足しておきたい。伊勢の秘宝館には開館当初より参加型展示があったこと（写真44）、驚きとユーモアのある展示空間だったこと（写真45）は興味深い。タージ・マハルをモデルとした建造物を建てたあとも「面白い方面にもっていく」展示を増やしていったという松野憲二氏の話や、伊勢の入場券には「見る館より参加する」という文字が入っていた時期があることも注目に値する。松野正人氏も一九八二年の手記に「楽しく見せる――という発想から、さらにレベ

写真43　入り口の階段にあった「秘宝オジサン」の「社会に役立つ元祖国際秘宝館」の説明（元祖国際秘宝館伊勢館）（2005年撮影）

写真44　開館当初からあるという参加型展示（元祖国際秘宝館伊勢館）（2005年撮影）。手前のボタンのところには「感覚テスト」と書かれていて、入館者がボタンを押すと下から風が吹いてくる仕組みになっている。松野憲二氏によると、ボタンには外れと当たりのボタンがあり、当たりの場合でも吹く風の強さが大きいものと小さいものがあったそうだ。

写真45　元祖国際秘宝館伊勢館の開館時に来賓として松野正人氏と見学していた女性と、下から吹いてくる風の仕掛け（1972年撮影、松野憲二氏提供）

ル・アップを図り、秘宝館の社会的な意味づけを含めた〝参加できる媒体〟へと躍進の道を突き進む日は、決して遠い日ではないはずです[32]」と書いていた。本章では特に医学模型に注目したため、娯楽的な要素にあまり言及しなかったが、日本で初めての秘宝館がユーモアも大切にしていたことは、忘れることはできない。

ここで再び、医学模型の論点に戻ろう。伊勢の医学模型（を展示するというアイデア）は、のちの秘宝館には継承されなかった。なぜ伊勢以降の秘宝館では、医学的要素が廃除されていったのだろうか。医学の知識が広く知られるようになり、医学的啓蒙が「道徳性」として機能しなくなったからだろうか。むしろ、伊勢以降の秘宝館を施工した専門家たちは、伊勢の秘宝館との差異化を図りながらアミューズメントを目指すという、まったく別の意図から医学的要素を除去していったのである。この点については次章で詳しく述べる。

注

(1)『伊勢エロスの館――元祖国際秘宝館』監督：村上賢司、ローランズ・フィルム、二〇〇八年

(2)New York World's fair、一九六四―六五年、入場五千百六十万人。入場者の数字は、吉見俊哉『博覧会の政治学』(中央公論社、一九九二年)一九ページを参照した。

(3)『11PM』日本テレビ系、一九六五―九〇年

(4)『あなたのワイドショー』日本テレビ系、一九七二―七七年

(5)『特別機動捜査隊』テレビ朝日系、一九六一―七七年

(6)『伊勢年鑑』伊勢新聞社(昭和四十八年版、昭和五十年版、昭和五十二年版、昭和五十四年版、昭和五十五年版、昭和五十七年版などの「県内在住著名人」欄を参照)

(7)『日本人の生活時間1970』日本放送出版協会、一九七一年、三五四ページ

(8)『図説　日本人の生活時間1973』日本放送出版協会、一九七四年、一一ページ

(9)「自動車保有台数の推移」データ〔http://www.airia.or.jp/number/pdf/03_1.pdf〕［二〇一四年二月十六日アクセス］

(10)三重県農林水産商工部新産業創造課編『平成十一年　観光レクリエーション入込客推計書』三重県農林水産商工部、二〇〇〇年、三四ページ

(11)「平成二十四年伊勢市観光統計［資料編］」〔http://www.city.ise.mie.jp/secure/12124/24siryouhenn.pdf〕［二〇一四年一月十五日アクセス］

(12)前掲『図説　日本人の生活時間1973』二五、四九ページ

(13)落合恵美子『21世紀家族へ――家族の戦後体制の見かた・超えかた』(有斐閣選書)、有斐閣、一九九七年(新版。初版は一九九四年。)

(14)田中聡『衛生展覧会の欲望』青弓社、一九九四年、四三、二一二、二二〇ページ

(15) 同書四四ページ

(16) 川井ゆう「江戸時代から現代において人形師はどんな等身大人形を作ったのか」「デザイン理論」第三十八号、意匠学会、一九九九年、二四、二八ページ

(17) 田中雅一「性の展示――秘宝館への視点」(http://www.zinbun.kyoto-u.ac.jp/~shakti/pre-hihou.html)［二〇〇四年三月五日、二〇一四年一月十五日アクセス］

(18) 朝倉無声『見世物研究』(ちくま学芸文庫)、筑摩書房、二〇〇二年、四一七ページ（初版は、一九二八年に春陽堂が出版している。）

(19) 同書五五六ページ

(20) 同書五四二ページ

(21) 大木透『名匠松本喜三郎』、熊本市現代美術館、二〇〇四年、二二ページ（一九六一年、限定二百部の私家版の復刻版）

(22) 前掲『見世物研究』五五六ページ

(23) 木下直之「マネキン以前・生人形以後」、「特集 マヌカン」「夜想」第三十一号、ペヨトル工房、一九九三年、二一四ページ

(24) 荒俣宏『衛生博覧会を求めて』ぶんか社、一九九七年、一四三ページ

(25) 「文化・生人形師年表」、「生人形と松本喜三郎」展実行委員会編『生人形と松本喜三郎』所収、「生人形と松本喜三郎」展実行委員会、二〇〇六年（第二版）、一九三ページ（初版は二〇〇四年刊行）

(26) 木下直之『美術という見世物――油絵茶屋の時代』(イメージ・リーディング叢書)、平凡社、一九九三年、八六ページ

(27) 内山淳一『江戸の好奇心――美術と科学の出会い』講談社、一九九六年、一二六ページ

(28) 田中聡『ニッポン秘境館の謎』晶文社、一九九九年、九九ページ

(29) 前掲『衛生博覧会を求めて』五四ページ

（30）近畿観光開発の経理台帳記録、一九七二年十月、「国際秘宝館展示物」「京都科学」と書かれたページ（二〇〇六年、松野憲二氏提供）。
（31）加藤秀俊『見世物からテレビへ』（岩波新書）、岩波書店、一九六五年、二一ページ
（32）松野正人「〝生は性なり〟の信念で」、前掲『秘宝館』七四ページ

第3章　秘宝館の発達

1　温泉観光地に生まれた秘宝館

これまで、第1章では秘宝館の歴史と現状について簡潔に述べ、第2章では日本で初めて等身大人形を導入した秘宝館（一九七二年、元祖国際秘宝館伊勢館）に注目した。また伊勢の秘宝館については、その起源に医学的展示があること、さらに、医学模型と性的な等身大人形には連続性があることも述べた（医学から娯楽への接続と併存）。しかし秘宝館を解明するためには、温泉観光地の秘宝館の検討も大変重要だ。そのため、本章では「秘宝館の発達」と題して、温泉観光地に生まれた秘宝館を取り上げよう。

温泉観光地の秘宝館の事例研究が重要である理由は、次のとおりだ。温泉観光地の秘宝館の多くは東宝出身者によって設立された会社・東京創研が施工していて、アミューズメント施設として女性の集客をも見込んで作られたといわれている（後述）。彼らが手がけた秘宝館は、本書で取り上げている秘宝館のなかでは熱海と嬉野（施工）、別府と北海道（一部改装）だ。彼らは、伊勢の秘宝館にあった医学的要素を除去する一方で、娯楽的で性的な等身大人形のアイデアは継承し、そこにユーモアを添えて、木工・装飾・絵画・造形・音響・制御・機械・照明などの映像技術・舞台技術の専門家とともに、温泉観光地に秘宝館を施工した。ここに身体模造と舞台技術の融合が見られる。また、鬼怒川秘宝殿は東宝美術の施工といわれているが、ここも東京創研施行の秘宝館と同様の特徴をもつ（道祖神を入り口に配置している点もほかの秘宝館と類似している）。このような特徴をもつ秘宝館を表5にまとめた。

表5　舞台技術を融合した秘宝館（調査開始時に残っていたもの）

名称	開館時期	施工業者
別府秘宝館	1976年10月	東京創研（一部改装）
北海道秘宝館	1980年6月	東京創研（一部改装）
熱海秘宝館	1980年7月	東京創研
鬼怒川秘宝殿	1981年10月	東宝美術
嬉野武雄観光秘宝館	1983年12月	東京創研

注：上記の開館時期は、『秘宝館』（章末注（1））のいそのえいたろうによる年表に依拠している。ただし、その年表が作成されたあとに完成した嬉野の秘宝館については、現地での調査の結果による。

筆者はこのなかでも特に東京創研が関わった秘宝館に注目している。東京創研は秘宝館という文化の形成にとって重要な存在であり、秘宝館の歴史を知るうえでも大きな手がかりになるはずだ。

彼らが作った秘宝館では、身体模造という造形表現が基軸として残っているが、伊勢にあった医学的要素は除去されている。こうした形式をとりつつ、アミューズメント性の強い秘宝館が温泉観光地に発展したとも考えられる。また、伊勢以降の秘宝館は、いずれも性信仰を展示初期段階（入り口付近）に配置している。性的な等身大人形や訪問者が参加するタイプの展示の性質を共有しながら、医学展示と性信仰が結果的に置き替わっているのだ。なぜ医学的要素は除去されたのか（なぜ性信仰が秘宝館に接合されたのか）、身体模造を基軸として何が継承され何が除去されたのか――これらの論点を考えることは興味深い作業だ。

では、そのなかでなぜ北海道秘宝館に注目するのか。それは、彼らが手がけた秘宝館の一つであることはもちろんだが、観光と秘宝館の関係を考えるうえで当館が重要な要素をもっているからだ。

北海道秘宝館は、女性客を意識した遊興空間であることを唯一打ち出していた

（第1章の写真26のなかにある「おんなの広場ＯＰＥＮ!!」「世界で初めての〝おんなの遊園地〟誕生!!」という文字を思い出したい）。女性客を意識するという施工業者の意図は、彼らが手がけたほかの秘宝館にも共通するが、それをパンフレットに明確に打ち出しているのは北海道秘宝館だけだった。またあとで紹介するが、北海道秘宝館のオーナーも女性客を意識していたという。秘宝館の歴史と「女性の旅」、ここには何らかの関係があるのだろうか。もしそうだとすればなぜ、そしてどのように？――このような問いも生まれるだろう。

2　温泉観光地に生まれた秘宝館と伊勢の秘宝館との断絶

ところで、伊勢の秘宝館と伊勢以降に生まれた秘宝館には大きな違いがある。

第一は施工業者の相違だ。表5にもあるように、伊勢以降の秘宝館のうち、舞台技術などを援用した秘宝館は東京創研もしくは東宝美術といった映像技術・舞台技術の専門家によって施工されている。

第二は建設地の相違だ。伊勢以降の秘宝館は温泉観光地を選択して建設されている。

第三は展示内容の相違だ。すでに述べたように、伊勢の秘宝館と伊勢以降の秘宝館の決定的な相違は医学展示の有無だった。それらの秘宝館は伊勢の秘宝館との差異化を図り、医学的要素を除去した。性信仰は配置した。

第四は女子労働力率の変容だ。女子労働力率は一九七五年に決定的な転換点を経験し、これが伊勢の秘宝館と伊勢以降の秘宝館の時代区分とあゆみをともにしている。戦後三十年間下がり続けた女子労働力率は七五年に四六・一％と低い水準を示したが、その年を境に上昇傾向に転じ、(2) 八三年には有配偶女子（結婚している女性）のうち、労働力人口比率が五一・三％と過半数を記録する(3)（専業主婦世帯が共働き世帯を下回った）。こうした社会史的出来事を考慮に入れれば、伊勢の秘宝館は女性の主婦化が進むさなかに登場し、伊勢以降の秘宝館は女性の主婦化が分解する時期に登場したことがわかる。表5に挙げた秘宝館は、まさに主婦化分解の時期にあたる七六年から八三年の間に集中して開館している。

第五に集客範囲の相違だ。東京創研は女性の集客を射程に収めていた。東京創研は女性の余暇活動の活発化など時代の変化にいち早く着目して展示内容を計画し、伊勢の秘宝館とは異なるコンセプトを打ち出した。女性が見ても不快感を抱かない展示を目指し、グロテスクな医学展示や強姦シーンを排除したのだ（一方で、客が秘宝館に入りやすいように日本に古くからある性信仰を展示初期段階に配置した）。

伊勢と伊勢以降の秘宝館にはこのような質的な断絶があり、秘宝館の歴史を考えるうえで、両者の比較は重要なプロセスになるだろう。それは同時に、伊勢の秘宝館と伊勢以降の秘宝館を別の系列として分析する重要性をも示唆している。秘宝館として、ひとまとめにはできない発達の過程があるのだ。

3　大阪万博の影響

伊勢以降の、アミューズメント性が強い秘宝館のヒントになったのは、一九七〇年の大阪万博だという。東京創研代表の川島和人氏が『秘宝館』に寄稿した文章を見てみよう。それによると、「造形美」「アクション性」「テーマ性」を秘宝館のメイン・テーマとした川島氏は、その理由を「かの万国博の建築の粋を網羅した数々の展示物がヒントになった」からだとする。また、川島氏はテレビの普及も射程に収めていた。テレビの普及によって一般大衆が「十二分にシロウト文化から脱して、確かなプロの目を持つようになった現実を見逃せない。つまり、人々は、「テーマ性」の重要さを認識し始めた」。そこで「秘宝館づくりのターゲットをアダルト志向にポイントを絞り切った」という。「アミューズメント・カラーをどうやって打ち出」せばいいかを研究し、「メカ操作の多用とプラスしたコンピューター利用のドッキングを冒険的に試みた」[4]のだ。

テレビの普及以前と以降とで、等身大人形が果たす役割は変わってきている。「細工物」「生人形」「人体模型」「衛生展覧会」と「秘宝館」が決定的に異なるのは、「秘宝館」はテレビ放送が普及したあとに誕生して隆盛を極めたことだ。かつて等身大人形は――川井ゆうが「等身大人形は医学・科学・三面記事・ゴシップなどの新しい情報や知識を伝える場〈見世物〉に利用された」[5]と指摘するように――新しい情報や知識を伝える情報源としての役割を担っていたと思われる。しかし、テレビが普及したあとに生まれた秘宝館という見世物は、情報源の役割を担うよりも、むしろ「参加する」アミューズメントとして成立したのだ（情報源としての等身大人形であれば、流行はしなかっただろう）。技術そのものは古くからある身体模造だが、それが参加型要素を取り込み、「参加型」余暇活動として機能するようになったのだ。そうであればこそ、テレビでは得られない娯楽性を求めて人々は秘宝館に足を運んだのではないか。

それを最もよく表しているのが、伊勢の秘宝館の逆説的ともいえる戦略だ。第2章でも述べたように、松野氏はテレビというメディアを利用して、秘宝館を見世物として成長させたといえる。テレビの普及は等身大人形のもつ意味を大きく変容させたのだ。以上のように、アミューズメントの歴史という観点から見ると、秘宝館には大阪万博とテレビの普及が深く関係しているようだ。また単なる「身体模造」ではなく、そこに参加型要素を導入していった過程には、前述の東京創研・川島氏が語っていたような判断もあったのだ。

このように、新しいアミューズメントのかたちを示す秘宝館というものを、人々が受容していった背景には何があったのか。

伊勢の秘宝館（一九七二年開館）と伊勢以降の秘宝館（別府：一九七六年、北海道：一九八〇年、熱海：一九八〇年、鬼怒川：一九八一年、嬉野：一九八三年開館）は、まさに一九七〇年代半ばを境として、その前と後に位置する。七五年という統計的な転換点の年以降に、東京創研が女性客を意識したアミューズメント施設を作ったことは注目していい。

女子労働力率が減少した時代には女性の余暇活動が抑制され、逆に上昇した時代には女性の余暇活動が増加することはデータからもうかがえる。例えば、一九七三年の国民生活時間調査が明らかにしているのは、余暇活動の種類でも男女差があり、「休日型余暇活動」の「行楽・散策」は成人男子一六％に対して成人女子八％という差が出ている。[6] 年間旅行回数も「家庭婦人」は三八％の人が「一回もしなかった」という。[7] ところが、女子労働力率が上昇傾向に転じた七五年以降は、女性の余暇活動に変化が生じる。例えば、「主婦の旅行回数の変化」を見てみると、「一回もしない」は七〇年四一％、七五年三八％、八〇年三六％と減少するのに対し、「二回」はそれぞれ一七％、一八％、一九％と増加し、「三回以上」もそれぞれ一一％、一二％、一四％とわずかながら増加していることがわかる一方で、「女性有職者の最近一年間の旅行回数の変化」（七三年、七五年、八〇年のデータがあるが、比較可能な七五年、八〇年）と比べると有職者のほうが主婦よりも旅行をする人の割合は高いことがわかる（有職者のなかの内訳としては「非勤め人に比べて、勤め人の方が旅行をする人も、旅行の回数も多い」と指摘されている[8]）。

女子労働力率の上昇は一見、女性の時間を減少させるように見える。しかし、女性の屋外での余暇活動の増大は、女性の所得の増加とあゆみをともにしているようにも見える。こうした社会史的背景は女性の余暇活動にも少なからず影響を与えているといえそうだ。観光への女性の参入比率の増大を「観光の女性化」と呼ぶなら、秘宝館はまさに「観光の女性化」を意識して発展したアミューズメント施設だったといえる。

4　専門家たちが目指したユーモア

では、専門家たちが目指した展示は、具体的にはどのようなものだったのだろうか。筆者はその過程について、東京創研元専務の上島経《いさむ》氏（一九二八―）に話を聞いた（二〇〇五年、一四年調査時）。上島氏は最初に東宝日劇（東京・有楽町）のミュージックホール（レヴュー劇場）で舞台照明や音響の仕事をしていて、東宝の砧撮影所や日劇で約五年間専門的な仕事を手がけたあと、アミューズメントの仕事に特化するようになった。よみうりランドの水中レヴュー劇場など遊園地のアトラクションをはじめ、東京都内の多くのお化け屋敷を企画・施工している。その後、東宝で知り合った仲間（川島和人氏）と興した会社が東京創研であり、上島氏は専務を務めていた。東京の後楽園遊園地の仕事で知り合ったKC企画という会社から別府秘宝館の改装を依頼されたことをきっかけに、秘宝館の仕事に携わるようになったという。

上島氏によれば、秘宝館では企画・設計・製作・設置という手順で、実質七、八カ月かけて一つのプロジェクトを実施する。上島氏の仕事は、秘宝館の施工に必要な木工・装飾・絵画・造形・音響・制御・機械・照明などの専門家の管理・統率だった。アミューズメントの専門家によるこれらの技術は舞台装置や遊園地のアトラクションに必須のものであり、そのまま秘宝館に援用された。

当時の東京創研の広告記事を見てみよう（写真46）。「世界で注目！レジャーの新事業」「エレクトロニクスとメカニズムを駆使し、他の追随を許さぬ技術で業界を常にリードして来ました。映画、演劇、テレビの演出技術、特殊効果を生かしてお届けします」「アダルト・ミュージアム施設の企画、デザイン、設計、施行《（ママ）》の御用命をたまわります」「イギリスBBC放送や、フランス国営テレビ等で当社が紹介されました[9]」と記載されている。
川島氏は『秘宝館』で、「永年にわたり映像に賭けた男のロマンを、秘宝館という舞台設定に置き替えた時点から、私は日本のウォルト・ディズニーを目指した[10]」と書いている。川島氏が東宝時代、映像文化に深く関わってきたことがこの記事にも見いだせる。ウォルト・ディズニーの本職が映画のプロデューサーだった点も重要だ。つまり、映像や映画の専門技術が遊園地技術に応用されたという共通性がある。日本ではさらに、遊園地技術が秘宝館の技術に応用されたということになるだろうか。

このように映像技術・舞台技術の専門家が、遊園地とまったく同じ技術で秘宝館を施工したことは注目されていい。秘宝館はアミューズメントの一形態だ。身体模造という従来からある造形表現にアミューズメントの専門的技術を組み込みながら、「性」というテーマに焦点を絞った展示空間を生み出したということもできるだろう。

写真46　東京創研の広告（出典：前掲『秘宝館』91ページ）

上島氏によれば、子どもが遊園地で喜ぶのにヒントを得て、大人も参加型のアトラクションで喜ぶはずだという着想に至ったという。上島氏らが目指した秘宝館はアミューズメントとしての秘宝館なので、医学展示や拷問風景は組み入れていない。目的は一貫して「エロ・グロは抜きにして、大人の遊園地に」「女の人でも来やすく、笑いながら出てこられるように」というものだ。実際に胎児、解剖模型、強姦、拷問シーンの展示は回避し、むしろイメージをふくらませ、幻想を可能にする空間として秘宝館を作り上げていった。

一例として、北海道秘宝館には体の大きな男性の等身大人形があり、ハンドルを回すと布がめくれて性器が見える展示（写真47）があるが、これはおそらく、女性の観光客を意識したものだろう。

ところで、田中聡は『ニッポン秘境館の謎』で、川島氏へのインタビューをおこなっている。そこでは、川島氏が伊勢の秘宝館を視察したうえで、それとの差異化を図りながら秘宝館を作ったこと、東京創研が女性客をターゲットに秘宝館を施工したことなどを明らかにしている。川島氏はインタビューで、当時を「主婦が家庭の電化によって解放された時代」と位置づけ、「農村の機械化によって、婦人労働がかなり軽減されてきた」と振り返る。このように「時間にゆとりができてきた」ため、「女性が、団体で動き出したわけですよ。婦人クラブとかね」と述べている。女性が動き始める時代を先取りしてとらえ、かつ「当時、日本の観光地といえば、温泉が中心」だと考えて、温泉観光地に女性の遊び場を建設したのだ。川島氏は「観光事業として非常に将来性がある」[11]と考えたそうだ。

北海道秘宝館の文脈に立ち戻り、この点をさらに考えてみよう。

北海道秘宝館はもともと男性向けの発想で作られたものだったが、オーナーの山本氏によれば、そのころは「男女平等の時代が到来し、女性が職場に出るようになり、収入を得るようになった。定山渓に女性客が増えてきていたこともあり、男性と同じように発散して楽しめるところが必要だと考えた」「昔では考えられないよう

写真47　ハンドルを回すコーナー（北海道秘宝館）（2005年撮影）。真ん中にマリリン・モンローが見える。右に男性の人形が見える。この男性は、北海道秘宝館新装時のパンフレット（写真26）によれば、「ムキムキおじさん」という名称で紹介されている。

な時代がきたことに気づいた」ため、東京創研に改装を依頼したという（二〇〇七年、一四年調査時）。

改装時の設計者だった大内寿夫氏（一九三七―）によれば、女性客を意識してほしいという（オーナーからの）強い要請を受け、「女性はもちろんですが、男性もともに「楽しめる」施設にしたいと申し上げ、女性に好感をもたれるよう努力しますと話し、了承を得ました」という。また大内氏は「同時に男性客もかなり意識し、女性客とともに男性客も増えるのではと期待しました」と述べ、さらに「個人的な嗜好を極力避けて、大勢の人が同時に観覧しても嫌悪感を感じないよう、後味が悪くならないように注意しました。それでも、若干の羞恥心や困惑を感じる人もいるはずなので、できるかぎりユーモアを加味してデザインし、特に女性に歓迎される施設を作ることを心がけました」と語っている（二〇〇七年、一四年調査時）。

5　北海道秘宝館の概要

北海道秘宝館は定山渓温泉（札幌市南区）にあった。本章は、温泉観光地と秘宝館の関係について考えることも目的の一つとしているので、北海道秘宝館の説明に入る前に、定山渓温泉の歴史を簡潔に振り返っておきたい。

定山渓温泉は自然景観に恵まれ、一九二三年に「北海道三景」（小樽新聞社）に選ばれている。また、四九年に指定された支笏洞爺国立公園のなかにある。札幌中心部から車で約一時間の距離にある。「定山渓」という地名は、定山渓温泉の開祖である修験僧・美泉定山《みいずみじょうざん》（一八〇五―七七）にちなんだものだ。その歴史は一七五二年、大阪商人・三代目飛驒屋久兵衛が材木調査のために定山渓を通った記録に始まる。[12] 一八〇七年には近藤重蔵、五八年には松浦武四郎が足跡を残している。温泉開発に取り組んだのは美泉定山だった。定山は天然の浴場を作り、病に悩む人々を湯治と祈禱によって治療しようと決意したと語り継がれている。

定山が小樽張碓村から山越えして温泉場に至った一八六六年が定山渓温泉開湯の年とされていて、二〇〇六年には百四十周年を迎えた。美泉定山生誕二百年にあたる〇五年には、資料集『定山渓温泉のあゆみ』が刊行されたほか、「定山源泉公園」が建設されるなど、地元の人々は現在も定山の功績をたたえている。

定山渓温泉の歴史は、黎明期（一七五二―一九一七）、始動期（一九一八―五四）、発展期（一九五五―九五）、転換期（一九九六―現在）の四期に分けられるだろう。この区分は、開湯百三十周年記念特集パンフレット『おゆ』[13]の時代区分を継承しながらも、「健康保養地宣言」が出された一九九六年以降を「転換期」と筆者が新たに位置づけたものである。

黎明期には温泉の発見と湯治場としての出発が見られた。始動期は定山渓鉄道（定鉄）開通と観光地としての幕開けの時代だ。発展期はさらに、前期（一九五五―七九）と後期（一九八〇―九五）に分けられる。前期は観光地としての確立と発展、後期は宴会型旅行からの転換傾向が見られた時期にあたる（北海道秘宝館は、発展期後期の一九八〇年に開館している）。転換期には「健康保養地宣言」が出され、自然体験型観光が進んでいる。北海道秘宝館の開館が発展期・後期に、その閉館が転換期に位置づけられることを、まずは押さえておきたい。

北海道秘宝館は一九八〇年六月十八日に開館した。経営は開運観光による。札幌市教育委員会文化資料室編のさっぽろ文庫『定山渓温泉』「温泉街を歩く」[14]にもカラー写真で紹介されている。

定山渓温泉は支笏洞爺国立公園内にあるため、特別地域に該当する。開館当初から北海道秘宝館併設のレストランや受付で勤務していた川野准子氏から資料を見せてもらったので、以下に施設の概要を紹介する（原典の年は和暦）。環境庁長官あての「特別地域内工作物の新築許可申請書」は一九七九年十月十三日に作成され、自然公園法第十七条（第十八条、第十八条の二）第三項の規定によって支笏洞爺国立公園の特別地域内での工作物の新築許可をオーナーが申請している（「自然公園法 特別地域内工作物の新築許可申請書」）。目的は「地域産業と観光の振興」だ。場所は「南区定山渓温泉東二丁目一〇三の一及び一〇五番地」、行為地とその付近の状況は「元定山渓鉄道白糸の滝駅跡地、国道二百三十号線（前面道路）、東西北側発電所水路、住居地域」だ。工作物の種類は「店舗、レストラン」、施工方法は敷地面積千百二十五・八四三平方メートル、規模三階建て、建築面積四百九十四・〇四五平方メートル、延べ面積千百九十・六二六平方メートル、構造は一階は鉄筋コンクリート造り、二階・三階は鉄骨造りだ。着手予定は七九年十一月末日、完了予定は八〇年四月末日だ。建築確認申請書も七九年十月十三日に札幌市に提出されていて、同年十一月二十六日に札幌市建築主事から確認通知書が発行されている（のちに、建築面積が十九・六三八平方メートル増になる旨の設計変更承認通知書〔一九八〇年四月二十二月付〕も届いているが割愛する）。

北海道秘宝館はパンフレット（写真48）のとおり、大観音像と「パンダと人魚のいるレストラン」があり（のちに一九八七年ごろから半分が焼き肉のレストランになった）、「全世界アニマルの神秘!!」の展示もあった。北海道秘宝館の特別入場割引券（写真49）の上には「日本新名所」「感動!全世界アニマルSEXの神秘を一堂に公開!!」「話題独占!!」という記載がある。

入り口そばにはゾウがいた（写真50）。「ご案内」の看板（写真51）を見て館内に入ってみよう。最初に左右の絵を見ながら薄暗い階段を降りると（写真52）、「白蛇神社」や「和合観音」、カジュラホの展示室（解説の音声が流れてくる）、道祖神の展示を見て、アミューズメント系の展示に移行していく。秘宝館のなかでは珍しく水子供養の展示もあった。展示の後半では、動物の交尾の様子が剥製で復元されていた。北海道秘宝館の全貌はドキュメンタリー映像『性愛の里　北海道秘宝館』(15)に収められている。特別入場割引券（写真49）には、千五百円のところ千四百円に割引する旨と、「団体様にはバスでお迎えに参上致します」という記載がある。北海道秘宝館

写真48　北海道秘宝館パンフレット（2005年受け取り）。「味のファミリーレストラン」と書かれている。

写真49　北海道秘宝館特別入場割引券がついた案内（二〇〇五年受け取り）

写真50　北海道秘宝館入り口で入館者を迎えるゾウ（2005年撮影）

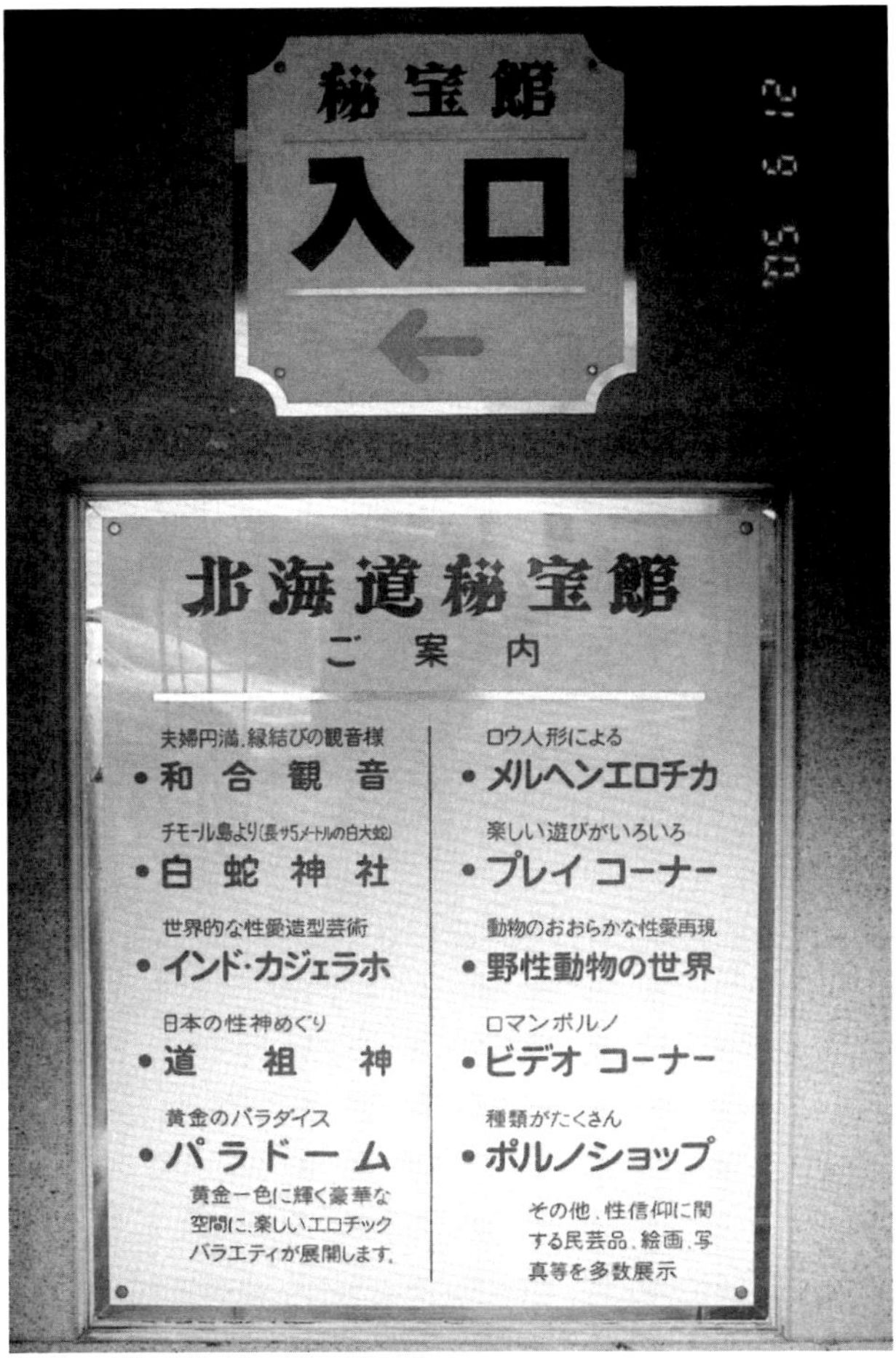

写真51　北海道秘宝館入り口の看板「ご案内」（2005年撮影）

写真52　北海道秘宝館入り口（2005年撮影）

の大きなポスター（写真53、54）を見ると、夜空に北海道のかたちを光で映し出す「スカイスクリーン」も展示していたようだ。写真54のポスター左上には、営業時間が「午前八時―午後十一時迄　年中無休」と記載されていて、長時間の営業だったことがわかる（筆者が調査を開始した二〇〇五年にはすでに、曜日と時間が短縮さ

写真53　北海道秘宝館の大きなポスター「スカイスクリーン」（B1サイズ）（2009年、川野准子氏提供）

れていた)。

写真54　北海道秘宝館の大きなポスター「日本新名所」（B1サイズ）（2009年、川野准子氏提供）

6　北海道秘宝館の誕生と改装

北海道秘宝館のオーナー・山本公正氏（一九三一―）は、北海道出身で東京都在住だ。北海道秘宝館のアイデアは、伊東から熱海に向かう途中の道にあった寺で、女性の生殖器をもつ観音像が観音開きの形式で公開されているのを偶然見たことによって生まれたという。これによって秘宝館のヒントを得て、開館まもない別府秘宝館や伊勢の元祖国際秘宝館、北陸秘宝館（一九七九年、東京創研施工。すでに閉館）などを見学した。等身大人形が多い別府などの秘宝館とは異なり、北海道ならではの動物の剥製に主眼を置く秘宝館を計画したが、それだけでなく、幸福の願いを込めて道祖神や金精様を配置した。こうして性的な等身大人形、動物の剥製、道祖神や金精様などが併置された秘宝館ができあがった。

一九八三年に東京創研が改装し、アミューズメントの要素が強い展示物が多く取り入れられたが、性信仰を展示初期段階に置くというもともとの方針は東京創研の従来の方針と一致していた。

改装内容は重要な情報であるため、この点について詳しく述べてみよう。改装時の設計者である大内氏との面談の際（二〇〇七年）、大内氏は改装施設に関する概略図を書き、主な内容の説明と改装時期は一九八三年だという情報を書き添えてくれた。それによると、性神コーナーは「撤去」も「新設」もなく、そのまま採用されている（ただし、ケースの撤去はあった）。アミューズメント性はこのころから強化されたと思われる。

東京創研が新設したのは床の揺動装置、（等身大人形用の）ショーステージ、回転・移動装置、仕掛けがある椅子、水を使った展示、訪問者参加型の蠟人形、凹面鏡を用いた展示など、舞台技術の専門知識を生かしたものだ。

北海道秘宝館には、動物の剝製や水子地蔵、屋外の大観音像など開館当初からの展示物と東京創研の部分改装による展示物とが混在していて、東京創研がすべてを施工した熱海秘宝館や嬉野武雄観光秘宝館とはやや様相を異にしている。しかし医学展示はなく、日本古来の性信仰を配置し、東京創研の改装が入っているため、伊勢以降の秘宝館の特質があると考えられる。

7　北海道秘宝館の流行を支えた歴史的要因

さて、北海道秘宝館が流行した背景には何があったのだろうか。

モータリゼーションの論点は第2章でも述べた。ある程度モータリゼーションが進展した一九八〇年代には、団体バス旅行と自家用車による観光が混在し、実際に定山渓でも八〇年度五九・一%、八一年度六一・八%、八二年度六三・七%など、約六割以上が乗用車を利用していて、貸し切りバスは八〇年度三二・一%、八一年度二九・〇%、八二年度二七・九%など、三割程度だ[16]。

一九七〇年、七三年、七五年の国民生活時間調査[17]の「生活行動分類表」（後二者は「行動分類表」）を見ると、一九七〇年「趣味・娯楽（レジャー活動）」、七三年「趣味・娯楽」、七五年「レジャー活動」における「行楽・散策」の内訳に「バス旅行」が含まれているが、八〇年調査「行動分類表」からはこの言葉が消えている[18]。逆にいえば、これは七〇年代の団体バス旅行の隆盛を示すものだ。

しかし、一九八〇年代にも団体バス旅行は盛んにおこなわれていて、北海道秘宝館には数多くの協定マークが残されている。例えば、全国農協観光、兵庫県旅行業協同組合（特別協定）、奈良県旅行業協会、岡山県旅行業協会、静岡県旅行業協会、岩手県旅行業協会、福島県旅行業協会、神奈川県旅行業協会、大東観光、千葉県旅行業協会、長野県支部協会会員、全国旅行業協会、北海道旅行業協会、小田急トラベルサービス、青森県旅行業協会、新潟県旅行業協会、埼玉県旅行業協会、愛知県旅行業協会、東京都支部、宮城県旅行業協会、旭川地区レンタカー協会などの協定マークが壁に貼られていて、団体旅行の流行を物語る。おそらく、八〇年代は団体旅行と自家用車による観光の混在期だったといえそうだ。

川野氏によれば、二階に併設していたレストランでの昼食や、昼食と秘宝館のセットで団体バスが多く訪れたという。ここで、併設のレストランについて補足しておきたい。定山渓には団体で昼食をとることのできるレストランがなかったため、このレストランは気軽に入れるレストランとして好評だった。また、焼き肉を提供するレストランは定山渓ではここしかなかったため、観光客だけではなく地元住民も家族で食事に訪れるなど、幅広い客層が利用していた。肉の質がよく、おいしかったわりには、利用しやすい価格だったという。カラオケのサービスもあった。そのころは、旅館やホテルが昼食時のレストランを日帰り客に（今日ほどは）開放していなかった時代であり、北海道秘宝館のレストランは重要な機能を果たしていた。そしてここは、ドライブインがない定山渓で団体バスが駐車できる唯一の場所でもあった。北海道秘宝館パンフレット（写真48）の内側には、レストランのメニューとともに「団体様収容人員百五十名」と記載されている。レストランからは周辺の山の一部が見え、山桜や紅葉なども見えたという。

では、どのような人たちが訪れていたのだろうか。川野氏によれば、農閑期は農協のツアー、観楓会や忘年会の時期には会社に勤める人々が多く訪れたという。つまり、月によってツアーを組むメンバーが変化していたという（ただし、二〇〇五年ごろから閉館する〇九年までは春に卒業旅行で女子大生が多く訪問するようになっていたという。また、筆者の〇五年六月の調査ノートには、「今はアベックが多い」という記載も残っている）。オーナーの山本氏によれば、開館から約五年後から女性客が多くなり始め、全体の過半数を超えた。さらに詳しく聞くと、当時、女性客は男性客よりも「むしろ多い」状況であり、女性客が六割、男性客が四割を占めていたそうだ。これには東京創研が一九八三年に改装したことが影響しているのだろう。「おんなの広場」「おんなの遊園地」というキャッチフレーズは、「女性向け」あるいは「女性だけのための」という意味よりもむしろ、「女性にも気軽に訪れてほしい」という願いから添えられたものだが、女性の観光客の存在についての証言もたしかに残っている。

すでに紹介したように、東京創研の専門家たちは女性をターゲットに含め、大勢の人が同時に観覧しても後味が悪くならないように心がけた。ここに「集団消費」という秘宝館の特質が見えてくる。「みんなで楽しく見る」という集合的娯楽だ。北海道秘宝館の隆盛を考えるうえで、この特質は注目されていい。一九八〇年代の定山渓温泉での観光のありかたは、「集団で場を消費する」ことに意味があったのではないだろうか。まさに北海道秘宝館は、こうした観光のありかたを反映しているようだ。みんなで楽しく見る、参加するという観賞様式は、個人消費よりも集団消費の性質を示し、入館者同士のコミュニケーションを発生させる場としても機能したと思われる。

北海道秘宝館が開館した一九八〇年という年は、定山渓観光協会長の濱野邦喜氏（一九八〇―八一年在職）が色街的な要素を取り払い、子どもも女性も安全に温泉を楽しめるような観光のありかたを求めていく活動方針を打ち出した年でもあり、その標語は「クリーン定山渓」だったという（定山渓観光協会・土舘佳子氏による。二〇一〇年調査時）。その年に北海道秘宝館が誕生したことに、やや矛盾を感じるかもしれないが、おそらく男性中心の宴会型団体旅行の時代から女性もグループで温泉観光地に出かけ始めた時代への移行期（発展期の後期）に、その両方の要素を取り込んで秘宝館が誕生したと考えることができるのではないだろうか。

男性中心の宴会型旅行について補足すれば、発展期の前期はその全盛期だった。一九六〇年代から七〇年代初頭にかけて芸者文化が隆盛を極め、華やかな宴会型旅行が展開されている。定山渓温泉料理店置屋組合の「芸妓連名簿」[19]によれば、六三年三月に芸妓連の総員は百十五人、六六年十月には百二十三人を記録している。六八年十一月には約百八十七人、最盛期には二百人に達したが、九〇年には一人もいなくなった（一九六八年十一月から約二十年間にわたって定山渓で芸者をしていた関根ユリ氏の記憶と、関根氏をインタビューした「朝日新聞」北海道版二〇〇六年二月二十八日付「定山渓　奥座敷ビフォーアフター　北街道⑤芸者」による）。二百十二人という記録[20]もあるが、ゼロ人になったのである。というのも、前掲「朝日新聞」の記事によると、八〇年代に入ると客の好みが「芸者よりコンパニオン」に変わり、カラオケが普及し、三味線に合わせて歌う客が激減したからだという。また、女性の観光客が増加したことも少なからず関連していると考えられる。

それと同時に、その観光のありかたも変化していくことになる。「集まることの意味」が薄れ、客層が少人数化し、分解していった。定山渓温泉の観光客の入り込み数自体は、一九八〇年度に百九十二万人、八六年度に二百三万三千人、九九年度に二百五十六万五千人（宿泊客数はそれぞれの年度で百十万千人、百二十九万七千人、百七十七万二千人）を記録している。[21]定山渓温泉の観光客そのものは増加していったが、秘宝館の入館者数は減少したのだ（その理由もまた分析する必要があるだろう）。

交通状況の変化も見ておこう。北海道秘宝館併設のレストランには、洞爺湖温泉をはじめ、函館方面行きの団体バスや長距離トラック、自家用車などの人々が昼食をとるために訪れていた。しかし道路が改良されて交通の便がよくなり、また、近郊に休憩所が多くできたため、立ち寄りが減少したのではないかという説もある。

8　医学的要素の除去と性信仰の接合

本書の問いの核心に戻ろう。伊勢の医学的要素がのちの秘宝館でなぜ失われていったのか、性信仰はなぜ、どのように秘宝館に接合されたのかという二つの問いがあった。専門家たちが目指した秘宝館は、どのような理由で、このような過程を経験したのだろうか。

田中聡が『ニッポン秘境館の謎』で的確に指摘しているとおり、伊勢の秘宝館と川島氏ら東京創研が手がけた秘宝館には大きな違いがある。これを田中は「伊勢のものは猟奇色、嗜虐色が強い」とし、川島氏は（田中のインタビューで）「あくまでお客が明るく笑える秘宝館をめざし、グロテスクになることを避けた」[22]と述べている。

田中は、川島氏が伊勢の秘宝館を視察し、伊勢をモデルとしながらも、伊勢とは差異化を図りつつ独自のコンセプトを打ち出していったと指摘しているが、これは次のように言い換えられるだろうか。つまり、秘宝館の発達過程で、特定の要素の模倣と除去とが発生した。模倣された要素は性的な等身大人形の展示と参加型アミューズメントの発想、除去されたのは医学的要素や拷問風景だ。さらに、新たに導入された要素がある。それが日本古来の性信仰（道祖神や金精様）だった。

性信仰の配置について、川島氏は「宗教から入れれば、お客さんもためらいがないだろうと。ようするに、幸せを願うという敬虔な気持ち、そういう門口からの導入が一番無難ではないかと考えた」と、田中のインタビューで答えている。田中はこれを受けて、川島氏は「秘宝館の入口をそうした民間信仰の色彩で固めることによって、「民間信仰を秘宝館の建前に」したのだと解釈している。[23]

上島氏への聞き取りでも、「エログロを扱わないために、何か、やはり性に関係したことを入れたほうがいいのでは」という発想のもとで、日本古来の性信仰を重要視する立場を採用しているという。つまり、伊勢の秘宝館との差異化を図りながら、アミューズメントとして秘宝館を受け入れやすくするために、展示初期段階（入り口付近）に性信仰を配置したのだ。

道祖神や金精様についてここで補足しておこう。「道祖神」とは『日本民俗大辞典』によれば「境の神の総称」(24)であり、『日本説話伝説大事典』によると「境で外部から侵入する疫神や悪霊を防ぐ神」「行旅の神、生殖の神としても信仰されて」(25)いる。柳田国男は「石神問答」のなかで、「道祖の祖」は「阻つると云う阻ならんかと存じ候」「邪悪神の侵入を防止せんとする受動的の意味合なるべく候」(26)と述べている。文化人類学者・波平恵美子も述べているように、道祖神は「男女の性的結合を示すものを神体とする例」が「多い」(27)。「男と女と二人並んでいるところ」が「侵入者を突き飛ばすであろう」と（昔の人が）信じるに至った理由は、柳田国男が「橋姫」のなかで言及している(28)。一方、「金精様」は、「男性器の形を木・石・陶器・金属などで作って小祠にまつったり奉納して、その生殖力や呪力を崇拝する性神の一つ」とされていて、「縁結び・子授け・安産・子育て・夫婦和合・婦人病・性病・子孫繁栄・五穀豊穣・雨乞い、果ては交通安全などに効験があると信仰され」ている(29)。このような歴史的背景も踏まえて、秘宝館に性信仰が配置されたのだろう。

以上のように、医学的要素が失われていったことと性信仰の（事後的な）接合は、別々の現象ではあるが相互に連動している。彼らは伊勢の秘宝館との差異化を図りながら、アミューズメントとしての「大人の遊園地」を目指したのだ。

このように考えると、秘宝館は性信仰から連続的に発生したわけではなく、秘宝館が性信仰を（事後的に）配置したと解釈することができる。したがって、性的な等身大人形を導入した秘宝館は、たとえそこに性信仰が混

衛生展覧会以前（江戸・明治）身体模造（細工物、生人形、人体模型）
↓技術的な連続性
衛生展覧会（1887-1963年） 医学模型（身体模造）
↓継承
伊勢の秘宝館（1972年開館） 医学模型（身体模造）＋性的な等身大人形（身体模造）
↓除去 ↓継承
伊勢以降の秘宝館（1976-1983年開館） 性的な等身大人形（身体模造）＋性信仰
別府・北海道・熱海・鬼怒川・嬉野 ↑ ↑
遊園地技術の応用 新たに接合

図1　性的な等身大人形を導入している秘宝館の系譜

在していたとしても、性に関する信仰がみられる神社や性信仰の対象となってきた仏像や性文化財などを収集・展示した資料館とは一線を画する。つまり、同じ性信仰の展示のように見えても、「すでにあるもの」が観光の対象となる場合と、在来信仰の「再創造」「再現」が図られて観光の対象となる場合では、大きな断絶があるのだ。あえていえば、単なる「性信仰の観光化」か、（性的な）「複製身体の観光化」に性信仰が接合したのかという相違があるのだ。前者と後者を合わせて秘宝館を広義にとらえる場合もあるが、筆者が秘宝館を後者の観点から狭義にとらえ、等身大人形の分析にこだわるのは、こうした理由によるものだ。まだ検討の余地があるが、筆者は秘宝館に図1のようなイメージをもっている。

もしかすると、伊勢の秘宝館では医学模型と性的な等身大人形が道徳性と娯楽性の役割をもち、伊勢以降の秘宝館では、性信仰と性的な等身大人形が道徳性と娯楽性の役割をもったということだろうか。しかもこれらは、見るだけの静的な展示と自ら参加する動的な展示の組み合わせにもなっている。非参加型展示と参加型展示という表現ができるかもしれない。

男女の性的な結合を含んだ道祖神や男根を祀る日本古来の性信仰は、特に北海道秘宝館や嬉野武雄観光秘宝館などで詳しい解説とともに本格的に復元されている。この展示手法は、川島氏が田中聡のインタビューで述べているように、「幸せを願うという敬虔な気持ち」をもたらしながら、「静的な展示から動的な展示」[30]への移行を可能にしたのだろう。つまり、秘宝館を「正当化」するための「建前」を確保しながら、非参加型展示から参加型展示への移行という展示戦略も採用できる相乗効果を生み出したのだ。

秘宝館が医学展示や性信仰といった非参加型で非娯楽的な展示物を導入している点は、日本の見世物の特質を考察するうえで重要だ。かつて加藤秀俊は、日本の見世物では「道徳性と娯楽性が渾然一体となって融合している」[31]と指摘した。これを秘宝館の文脈に置き換えると、「医学展示と性的な等身大人形」(伊勢)、「性信仰と性的な等身大人形」(別府、北海道、熱海、鬼怒川、嬉野)となるだろうか。

秘宝館を考えるうえでは、春画など日本の豊かな性表現の(秘宝館にとっての)位置づけも論点となることがある。このような芸術は非参加型展示と参加型展示を主軸として、二次的にちりばめられていったようだ。田中聡のインタビューで、川島氏は「一番最初に、そういう日本の宗教から導入しよう。そしてその次は、その裏付けのためのコレクションをと考えました」[32](傍点は引用者)と述べている。そして、田中はコレクションの例として「性的な呪物、性具、避妊具、春画」などを挙げている。春画を展示するために秘宝館が作られたわけではなく、秘宝館の主要な展示物を支える(補強する)要素として(二次的に)春画が採用されたと解釈できるだろう。

本章では、北海道秘宝館の成立と流行の歴史的要因を考察するとともに、秘宝館という遊興空間から医学的要素が除去されていった過程や、性信仰が秘宝館入り口に配置された経緯についても観察してきた。また、アミューズメントの歴史から見ると、秘宝館は大阪万博やテレビの発達などと深く関係していることにも言及した。温泉観光地にできた秘宝館の一例として本章では北海道秘宝館を取り上げたが、次章では同じく東京創研が手がけた嬉野武雄観光秘宝館や熱海秘宝館を対象に、秘宝館の変容と新たな魅力の再発見について論じたい。

注

(1)前掲『秘宝館』二四―二六ページ

（2）総理府編『女性の現状と施策　平成七年版』大蔵省印刷局、一九九六年、七〇ページ
（3）総務庁統計局編『労働力調査年報　昭和六十三年』総理府統計局、一九八九年、九七ページ。通時的には、総理府統計局編『労働力調査報告　昭和四十五年報』総理府統計局、一九七一年、四五ページ、総理府統計局編『労働力調査年報　昭和五十五年報』総理府統計局、一九八一年、九七ページを参照。
（4）川島和人「ファンハウスに賭ける夢――」、前掲『秘宝館』一〇四―一〇六ページ
（5）前掲「デザイン理論」第三十八号、二六ページ
（6）前掲『図説　日本人の生活時間1973』六九ページ
（7）同書九三ページ
（8）『図説　日本人の生活時間1980』日本放送出版協会、一九八二年、一四七、一六六―一六七ページ
（9）前掲『秘宝館』九一ページ
（10）前掲『秘宝館』一〇四ページ
（11）前掲『ニッポン秘境館の謎』九八―一一五ページ
（12）『定山渓温泉の開祖　美泉定山生誕二〇〇年記念　定山渓温泉のあゆみ』定山渓連合町内会、二〇〇五年、一〇八ページ
（13）『おゆ』定山渓観光協会、一九九六年
（14）「第一章　定山渓のすがた」内「温泉街を歩く」、札幌市教育委員会文化資料室編『定山渓温泉』（さっぽろ文庫五十九）所収、北海道新聞社、一九九一年、一九ページ
（15）『性愛の里　北海道秘宝館――その耽美な世界』監督：村上賢司、ローランズ・フィルム、二〇〇九年
（16）『昭和五十七年版　観光白書』札幌市経済局観光部観光課、一九八三年、二二―二三ページ
（17）『日本人の生活時間1970』日本放送出版協会、一九七一年、三五四ページ、前掲『図説　日本人の生活時間1973』一一ページ、『図説　日本人の生活時間1975』日本放送出版協会、一九七六年、一四ページ
（18）前掲『図説　日本人の生活時間1980』一二ページ

(19)「芸妓連名簿」定山渓温泉料理店置屋組合、一九六三年、「芸妓連名簿」定山渓料理店置屋組合、一九六六年(いずれの資料も定山渓観光協会提供。それぞれの年で組合名の表記が異なるが、そのまま記載した。なお、本資料の総員には、置屋に所属している芸者、酌婦、見習いが含まれているようだ。)
(20)玉置シヅ、「第四章　わが街を語る」内、前掲『定山渓温泉』二五二ページ
(21)『昭和五十六年度版　観光白書』札幌市経済局観光部観光課、一九八二年、三二ページ、札幌市経済局観光部観光課編『平成元年度版　札幌の観光』札幌市経済局、一九八九年、四〇ページ、札幌市経済局観光部振興課編『平成六年度版　札幌の観光』札幌市経済局、一九九四年、一六ページ、札幌市観光文化局観光コンベンション部観光企画課編『平成十六年度版　札幌の観光』札幌市観光文化局、二〇〇四年、二一ページ
(22)前掲『ニッポン秘境館の謎』一〇七ページ
(23)同書一〇〇―一〇三ページ
(24)福田アジオ/新谷尚紀/湯川洋司/神田より子/中込睦子/渡邊欣雄編『日本民俗大辞典』下、吉川弘文館、二〇〇〇年、一八六ページ
(25)志村有弘/諏訪春雄編著『日本説話伝説大事典』勉誠出版、二〇〇〇年、六六五ページ
(26)柳田國男『柳田國男全集』第一巻、筑摩書房、一九九九年、五四八ページ(初出は『石神問答』聚精堂、一九一〇年)
(27)波平恵美子「第七章　民俗としての性」、網野善彦ほか編、坪井洋文著者代表『日本民俗文化大系』第十巻所収、小学館、一九八五年、五一三ページ
(28)柳田國男『柳田國男全集』第六巻(ちくま文庫)、筑摩書房、一九八九年、三六八ページ(初出は「女学世界」一九一八年一月)
(29)福田アジオ/新谷尚紀/湯川洋司/神田より子/中込睦子/渡邊欣雄編『日本民俗大辞典』上、吉川弘文館、一九九九年、六六五ページ
(30)前掲『ニッポン秘境館の謎』一〇二、一〇六ページ

（31）前掲『見世物からテレビへ』二一ページ

（32）前掲『ニッポン秘境館の謎』一〇三ページ

第4章　秘宝館の変容と新たな魅力の誕生

1　アミューズメント志向の秘宝館のその後

これまで第2章と第3章でおこなった考察からは、次の二つのことがいえるだろう。第一に、秘宝館の成立には「性信仰」とは別の要因が関わっていて、ルーツは医学展示などの「身体模造」の系譜だった。第二に、伊勢以降に登場した秘宝館はアミューズメントを目的として温泉観光地に開館したが、それに付随して在来の性信仰（道祖神や金精様）が接合された。

本章では東京創研が遺した秘宝館をさらに分析してみたい。というのも、温泉観光地にアミューズメント志向を強めて発展した秘宝館の現在——変容や新たな魅力の誕生——について問いたいからだ。筆者が本章で注目するのは、東京創研が（一部改装ではなく）施工した主要な秘宝館、嬉野武雄観光秘宝館（一九八三年開館）と熱海秘宝館（一九八〇年開館）だ。

嬉野の秘宝館を選んだ理由は、規模が大きいことに加えて、東京創研が遺した仕事のなかで一九八三年という比較的後期に位置づけられ、彼らが追求した秘宝館の集大成ともいえるからだ。だがこの秘宝館も、二〇一四年三月三十一日には三十余年の歴史に幕を閉じる。嬉野の秘宝館が体現する完成形を取り上げることも、本書の意義かもしれない。

熱海の秘宝館を選んだ理由は若者に人気があり、メンテナンスや新たなアトラクションの導入も進んでいて、秘宝館のほうが時代に合わせて変容してきたように見えるからだ。そこに、秘宝館の役割や機能が時代とともに新しく変容していく過程を発見できるかもしれない。

2 集大成・嬉野武雄観光秘宝館

日本三大美肌の湯といわれる佐賀県・嬉野温泉は二〇一三年、『肥前国風土記』(七一三年から編まれ、七三〇年頃に成立したとされている)にその存在が記されてから数えて開湯千三百年を迎えた。嬉野の秘宝館は、嬉野温泉と武雄温泉を結ぶ国道三十四号線沿いにある。秘宝館を開館したのは西九州観光だ。秘宝館の管理責任者・大久保重則氏によると、同社は一九八三年に地元有志四人による共同出資で設立された。総事業費約七億円を投じ、十二月にオープンしている。敷地面積は四千九百四・〇三平方メートル、建物は本館(一九八三年建築、鉄骨二階建て)床面積千二百六十・七三平方メートルだ。国道沿いの看板には、「魅惑に満ちた愛のひとときを　大人の遊艶地・あなたのラブファンタジー」という紹介がある。

大久保氏によると一九八四年には、土産品売り場と食事処(鉄骨二階建て、床面積四百四・四三平方メートル)と食堂(木造平屋建て、八十八・二九平方メートル)も建てられた。この食堂では、幕の内弁当などの仕出し弁当や嬉野のお茶を売り、食事処の料理も作っていたそうだ。秘宝館のオーナーの一人が料理を専門としていたからだという。嬉野武雄観光秘宝館のパンフレット（写真55）内面には「観光土産センター」と「嬉野一番茶屋」の宣伝が載っていて、「当館自慢の秘宝館会席を御用意いたします他、嬉野特産の銘茶などみやげ品も多数取りそろえております」と記載されている。大久保氏によるとこの食事処では、いまでいう地元グルメのような名産の料理を提供していたという（なお、食堂については、大久保氏提供の資料には一九八四年十月の日付で「うどんコーナー店舗」とも記されていて、食堂ではうどんも提供していた可能性があるようだ）。

オープン当初から約十年間は、入館者数は順調に推移した。しかし、一九九〇年に高速道路・長崎自動車道の大村IC（インターチェンジ）―武雄北方IC間が開通（長崎多良見IC―鳥栖IC間のルートが完成）すると、入館者数が次第に減っていったという。そのころ、打開策としてカラオケ事業を展開している。だが、二〇〇二年には秘宝館の敷地内にあった土産品売場と食堂を廃止し、〇三年にはカラオケ事業も廃止した。〇九年二月にはポルノ商品販売事業が営業停止になり、売り上げは激減した。開業当時は男性社員六人（営業）と女性社員十人、パート三人だったが、一四年二月現在はパート二人となっている。

敷地内に設置されている「嬉野観世音大菩薩」（写真56）は全長二十メートルとされ、秘宝館のパンフレットには「商売繁盛、交通安全の守護として、又、夫婦和合の御祈願、良縁成就子《（ママ）》宝、長命さらには、学業成就、開運招福、厄除けなどの御祈願をお聞き届けくださる」と書かれている。この観音像は、北海道秘宝館の観音像と姉妹（妹）と伝えられている。大久保氏によると、オーナーが北海道を訪れて北海道秘宝館を見学し、嬉野にも観音像を建設することにしたという。秘宝館の開館よりも七カ月遅い一九八四年七月に建立されたようで、以後は秘宝館とともに時代を重ねてきた。

嬉野武雄観光秘宝館のパンフレット（写真55）を開けてみよう（写真57）。そこには秘宝館の説明があり、「全景二十二からなる大セックスワンダーランド」「エレクトロニクスの最新技術を取り入れ、「動き」「音」「光」

写真55　嬉野武雄観光秘宝館パンフレット表紙（2005年受け取り）

写真56　「嬉野観世音大菩薩」（嬉野武雄観光秘宝館）（2013年撮影）

秘宝館
全景 22 からなる大セックスワンダーランドエレクトロニクスの最新技術を取り入れ、「動き」「音」「光」「水」「映像」をフルに活用し、愛、性、エキゾチスム、ファンタシックなエロティシズムの数々を、立体的、パノラマチックに表現した魅惑の施設です。

写真57　嬉野武雄観光秘宝館パンフレットの秘宝館の説明部分（嬉野武雄観光秘宝館）（2005年受け取り）。この蠟人形はあとで紹介する「嬉野弁財天」である。

「水」「映像」をフルに活用し、愛、性、エキゾチズム、ファンタジックなエロティシズムの数々を、立体的、パノラマチックに表現した魅惑の施設です」と記されている。入り口そばの「御案内」(看板)には総工事費は五億円、展示品総額は二億円、観覧時間は四十分から六十分と書いてある(写真58)。

入り口から入ってみよう(写真59)。この写真の左には旅行会社との協定マークが見える。入ってすぐに、画家・樺山久夫の有名な「男女竜交接の図」が入館者を迎える(写真60)。その後すぐに「和合神社」が現れる(写真61)。「嬉野弁財天」の蠟人形の下には、観覧にあたって蠟人形自体についての説明(写真62)もあり、そこには「蠟人形は動きがありませんのでここでは各種の演出を加え変化をつけてみました」(傍点は引用者)とも書いてある。これはまさに、東京創研が遺した秘宝館の特徴でもあった。さらに、道祖神や金精様を展示しているコーナーには各地の信仰やその解説が並んでいて(写真63、64)、そのなかには愛知県小牧市の田縣神社の祭りを樺山久夫が絵画として表現した展示もある(写真65)。「エロチック・ファンタジー　ながさきオチンチ祭り」(長崎くんちのパロディー)(写真66)という音響と動きのある展示を経て、「嬉野観音菩薩」(「表にそびえたつ大観音菩薩様の1/20のミニ観音様」との説明がある)、体位について説明する絵、再び性信仰の解説を見ながら階段を上る。そこは「コレクションコーナー」だ(写真67)。「珍宝神社」、「性風俗民芸品」の展示のコーナー(写真68)、「世界のエロチカ・アート」が展示されている特別展示室などを鑑賞する。やがて「ビバシネマワールド」に進むと、「性技の使者」と解説が添えられた「スーハーマン」(写真69)、「アラビアのエロレンス」(写真70、71)などパロディー的な展示がある。「アラビアのエロレンス」の展示では月面にいるウサギが影で映るのだが、ウサギが背面交尾をする様子が動的な影絵で展示される(写真72、73)。さらに進むと、マリリン・モンローや「燃えよマラゴン」など参加型の展示がある。

次に「お色気郷土館」に入ると、照明と影を応用した展示を含む「珍説 鍋島化猫騒動」(写真74)や「嬉野茶摘み娘」など、地域に根ざした話題の展示がある。また、「有明夫人」の展示では、「オッパイを押してください」と書いてあるボタン（写真75）を押すと女性がこちらを向くのだが、再びあちらを向いてしまう。なお、女性がこちらを向くときには、ムツゴロウが邪魔をして体の一部を隠すというユーモアが込められている（写真76）。やがて「プレイコーナー」に進む。「有明の恋人」の展示（写真77）では、ボタンを押すと蟹がタオルを動かそうとする。最後に、嬉野の秘宝館を象徴する展示が現れる。水を用いた展示「ハーレム　エロチカ・ア・ラ・カルト」だ（制作費七千万という説明書きがある）（写真78、79、80）。壮大なこの展示は入館者を圧倒する。

補足すれば、この水の展示は、水中モーターポンプ技師でもある青木喜八郎氏（一九三六―）が手がけたものだ。青木氏は、一九六二年にポンプの会社に入社し、旋盤工、仕上げ工、組立工を経て現場監督、一九六五年から会社の営業部に配属となり、そこで顧客に噴水ポンプを納入していたことから噴水の基礎を学んだ。六五年、三十歳のころから、ポンプだけではなく噴水の設計施工、ノズルの開発製作もおこなってきた。青木氏はやがて、大阪万博（一九七〇年）での東芝館・中国館・サウジアラビア館の水の展示に携わった。つくば科学万博（一九八五年）でのトルコ館の噴水や博報堂による屋外噴水展示などにも携わっている。つまり、秘宝館の技術は秘宝館のなかだけにとどまらない。高度な技術が秘宝館のなかに援用されているのである。

では、どのような秘宝館に青木氏の技術が応用されているのだろうか。青木氏は、嬉野武雄観光秘宝館のほかにも、北陸秘宝館（一九七九年六月竣工）、別府極楽院秘宝館（一九八〇年十二月改装）、東北秘宝館極楽殿（一九八一年十月竣工）などの水の装置も作ってきた。

青木氏から、当時の仕事の内容を教えてもらった（二〇〇七年調査時）。嬉野武雄観光秘宝館では「ハーレム」の水中内人形の連動装置のほか、水に関わるすべての装置を担当した。北陸秘宝館ではジャングルの大きな滝の前で裸婦が踊る場面のウォータースクリーンを製作し、水中照明を用いて場面をきれいに見せた。別府極楽院秘

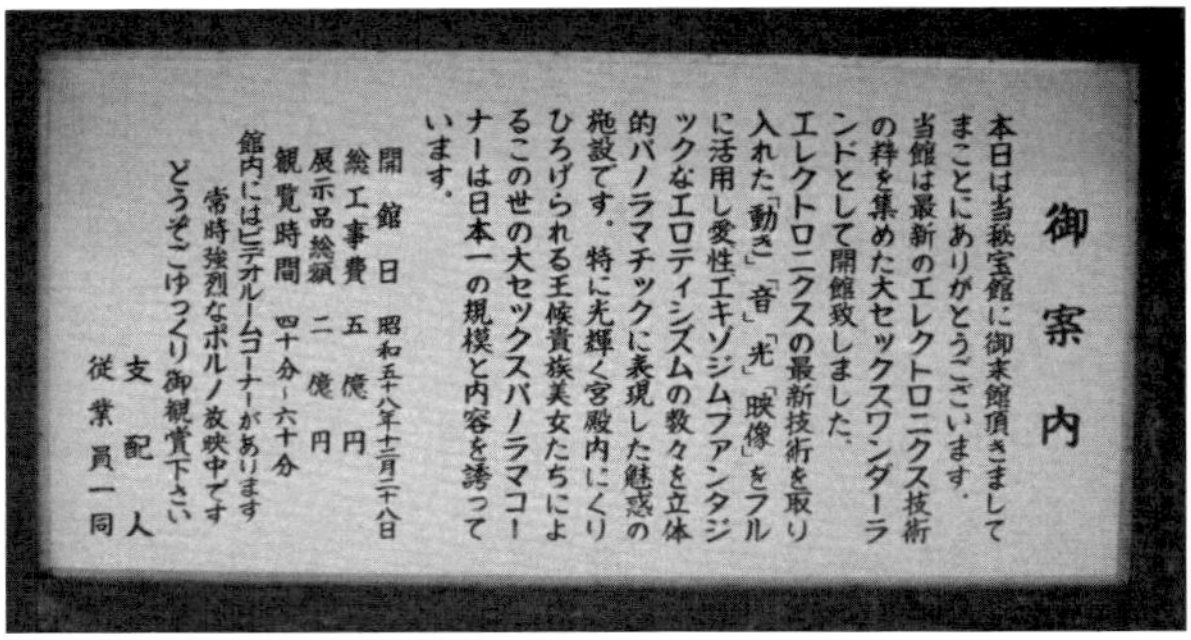
御案内
本日は当秘宝館に御来館頂きまして
まことにありがとうございます。
当館は最新のエレクトロニクス技術
の粋を集めた大セックスワンダーラ
ンドとして開館致しました。
エレクトロニクスの最新技術を取り
入れた「動き」「音」「光」「映像」をフル
に活用し愛性エキゾジムファンタジ
ックなエロティシズムの数々を立体
的パノラマチックに表現した魅惑の
施設です。特に光輝く宮殿内にくり
ひろげられる王候貴族美女たちによ
るこの世の大セックスパノラマコー
ナーは日本一の規模と内容を誇って
います。
開館日　昭和五十八年十二月二十八日
総工事費　五億円
展示品総額　二億円
観覧時間　四十分～六十分
館内にはビデオルームコーナーがあります
常時強烈なポルノ放映中です
どうぞごゆっくり御観賞下さい
支配人
従業員一同
写真58　嬉野武雄観光秘宝館入り口そばの看板（2013年撮影）

観光秘宝館
観光秘宝館
嬉野観光秘宝館
デオシアター
館内ポルノ室にて上映中
営業中
写真59　嬉野武雄観光秘宝館入り口（2013年撮影）

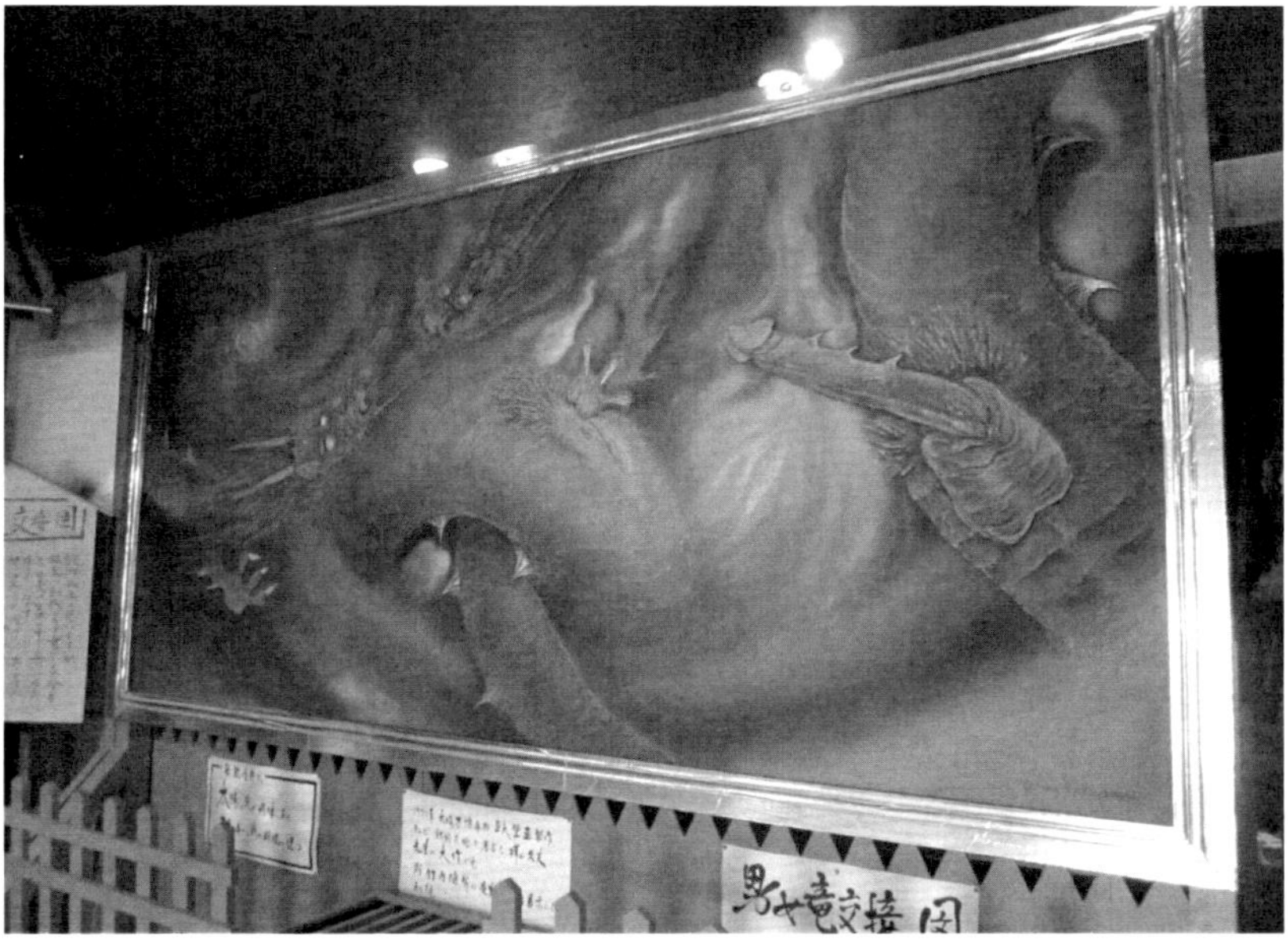

写真60　樺山久夫「男女竜交接の図」（嬉野武雄観光秘宝館）（2013年撮影）

写真61　「和合神社」（嬉野武雄観光秘宝館）（2013年撮影）

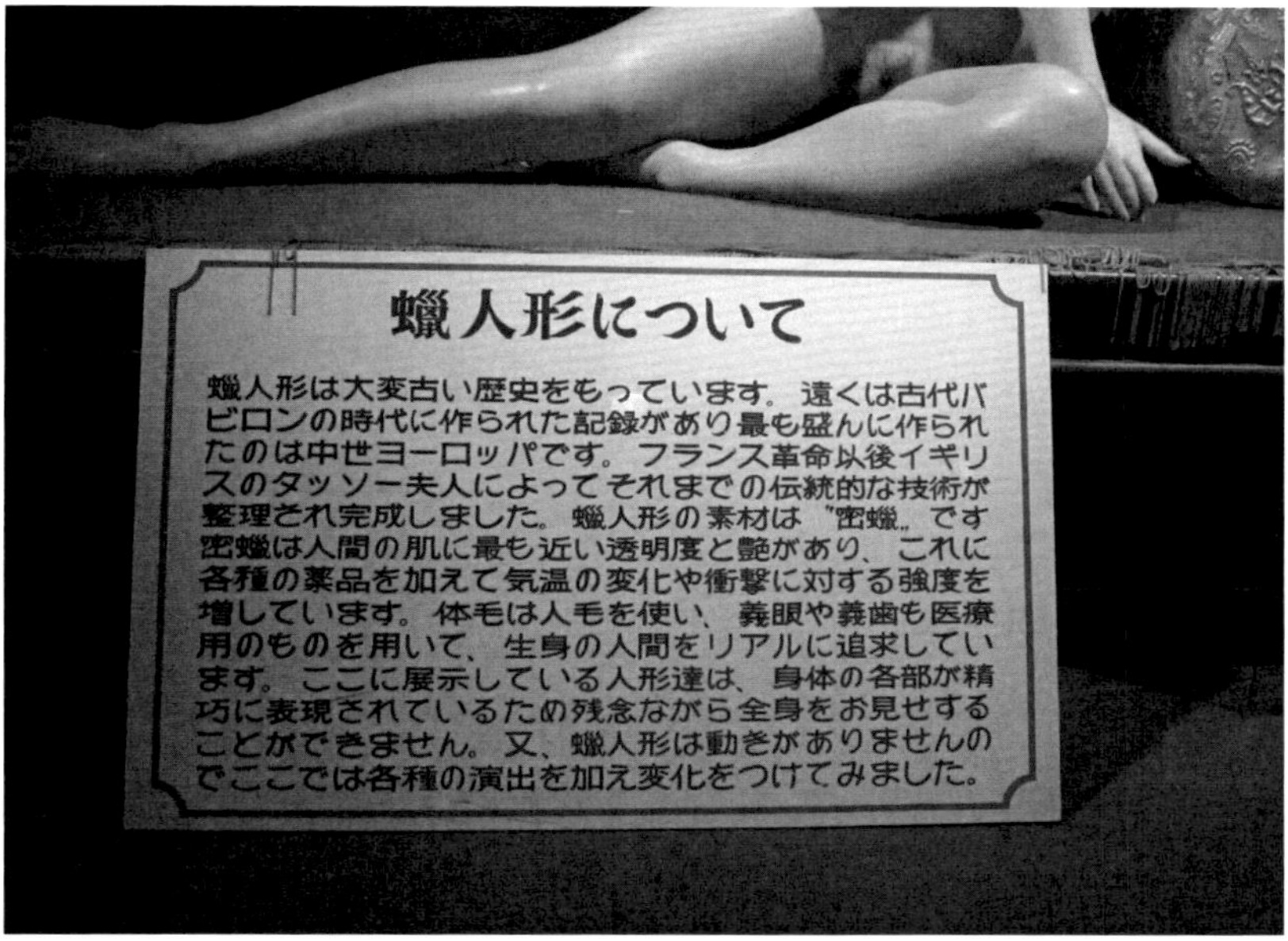

写真62　「蠟人形について」の説明書き（嬉野武雄観光秘宝館）（2013年撮影）

写真63　秋田県横手市の「金勢神」（嬉野武雄観光秘宝館）（2013年撮影）。この秋田県横手市の金勢神は、「世にもまれな金勢神」として北海道秘宝館にも紹介・展示されていた。

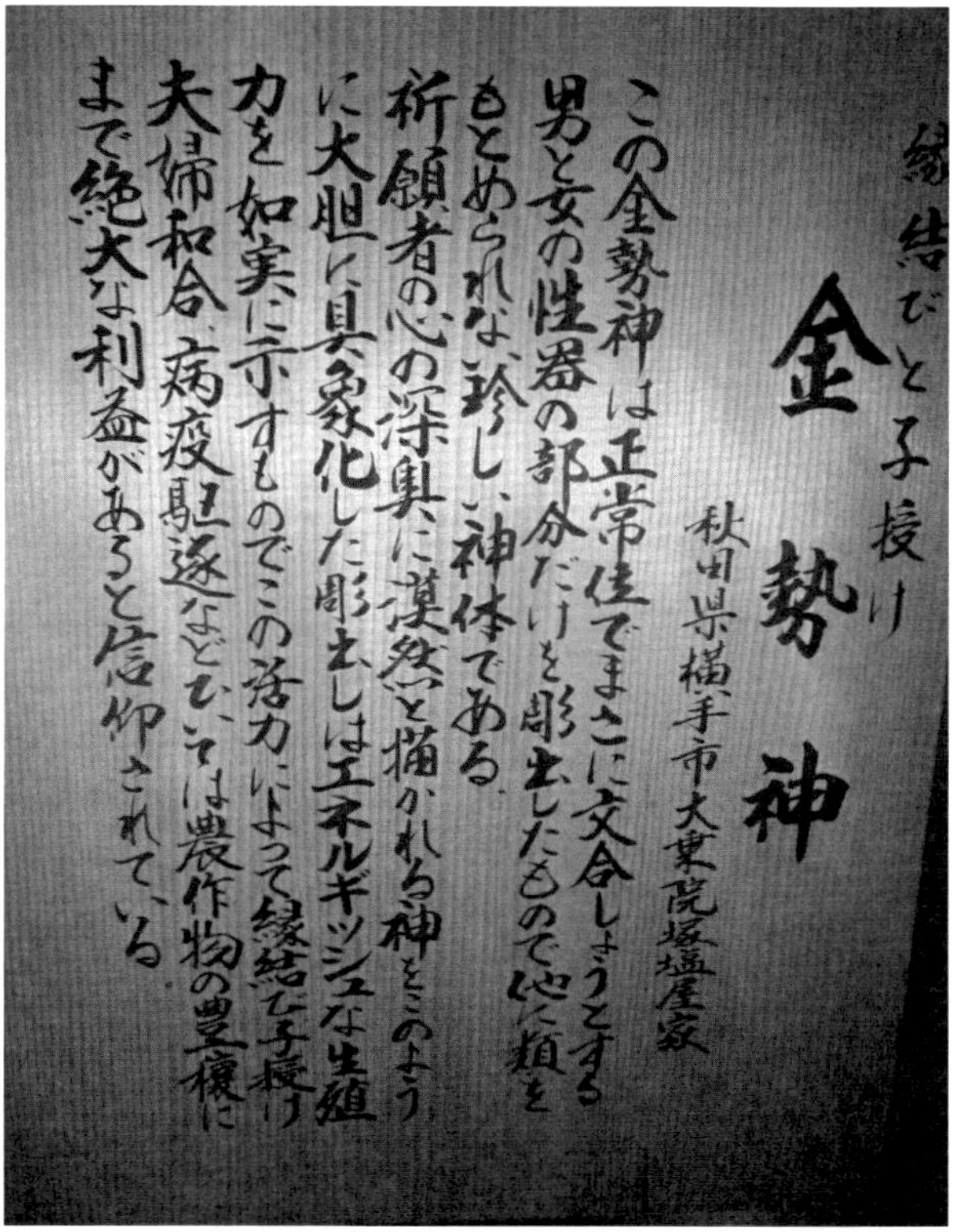
縁結びと子授け
金勢神
秋田県横手市大東院塚塩屋家
この金勢神は正常位でまさに交合しようとする
男と女の性器の部分だけを彫出したもので他に類を
もとめられない珍しい神体である
祈願者の心の深奥に漠然と描かれる神をこのよう
に大胆に具象化した彫出しはエネルギッシュな生殖
力を如実に示すものでこの活力によって縁結び子授け
夫婦和合 病疫駆逐などについては農作物の豊穣に
まで絶大な利益があると信仰されている

写真64　秋田県横手市の「金勢神」解説（嬉野武雄観光秘宝館）（2013年撮影）

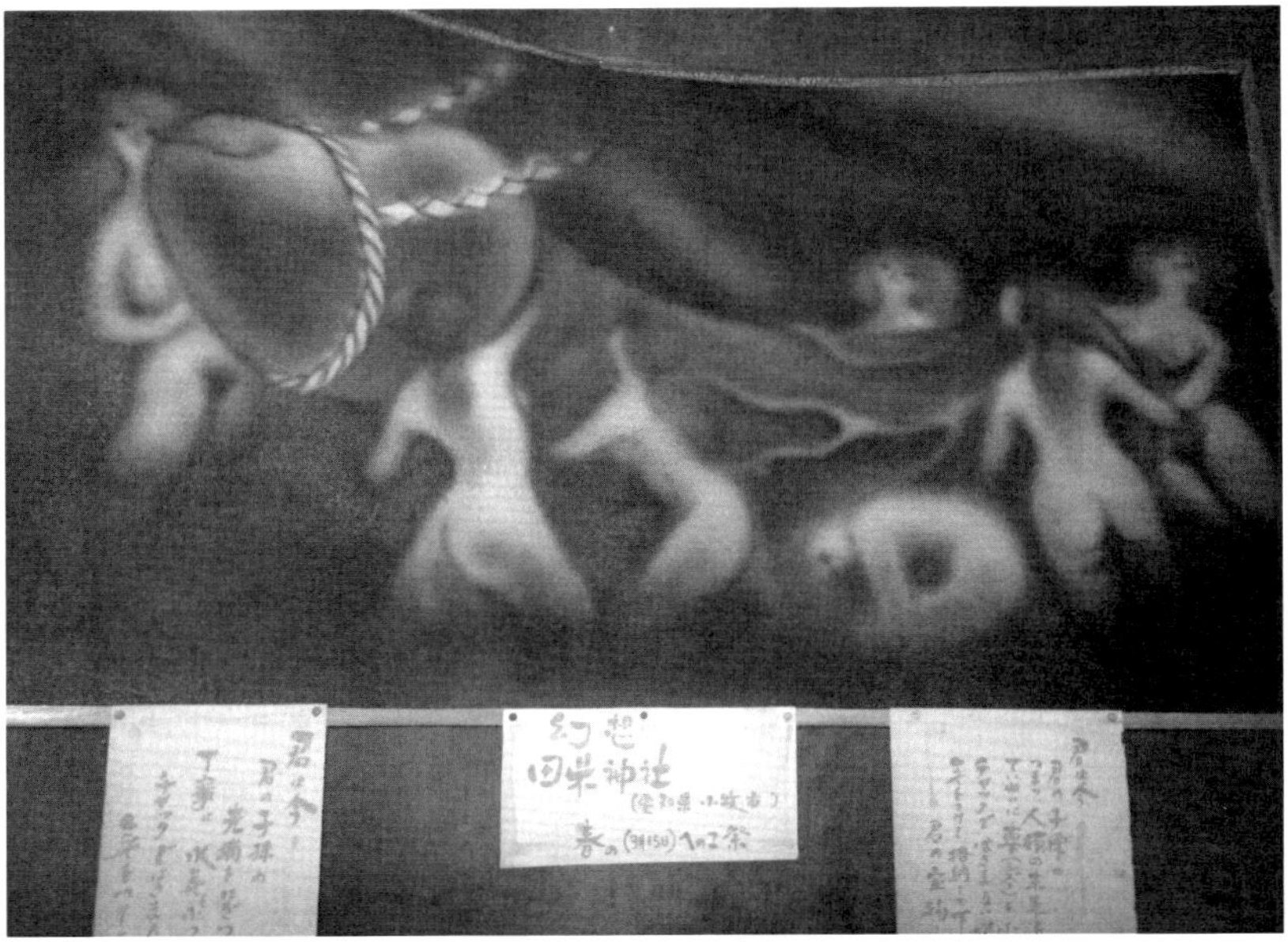

写真65　樺山久夫「幻想　田県神社（愛知県小牧市）　春の（３月15日）へのこ祭」（嬉野武雄観光秘宝館）（2013年撮影）。なお、この神社のパンフレットの表記は田縣神社となっている（2005年訪問）。

写真66 「エロチック・ファンタジー　ながさき オチンチ祭り」看板（嬉野武雄観光秘宝館）（2013年撮影）

写真67 「コレクションコーナー」入り口（嬉野武雄観光秘宝館）（2014年撮影）。このコーナーに足を踏み入れると、音声が流れてくる。「みなさま、本日はようこそお越しくださいました。この資料コーナーでは、人生の半分を占める性の歴史を古今東西のさまざまな資料でひもとき、性の重要性や表現を、新たな角度から認識していただけるよう、公開しております」。このような説明がまずあり、具体的な展示内容の解説が続く。

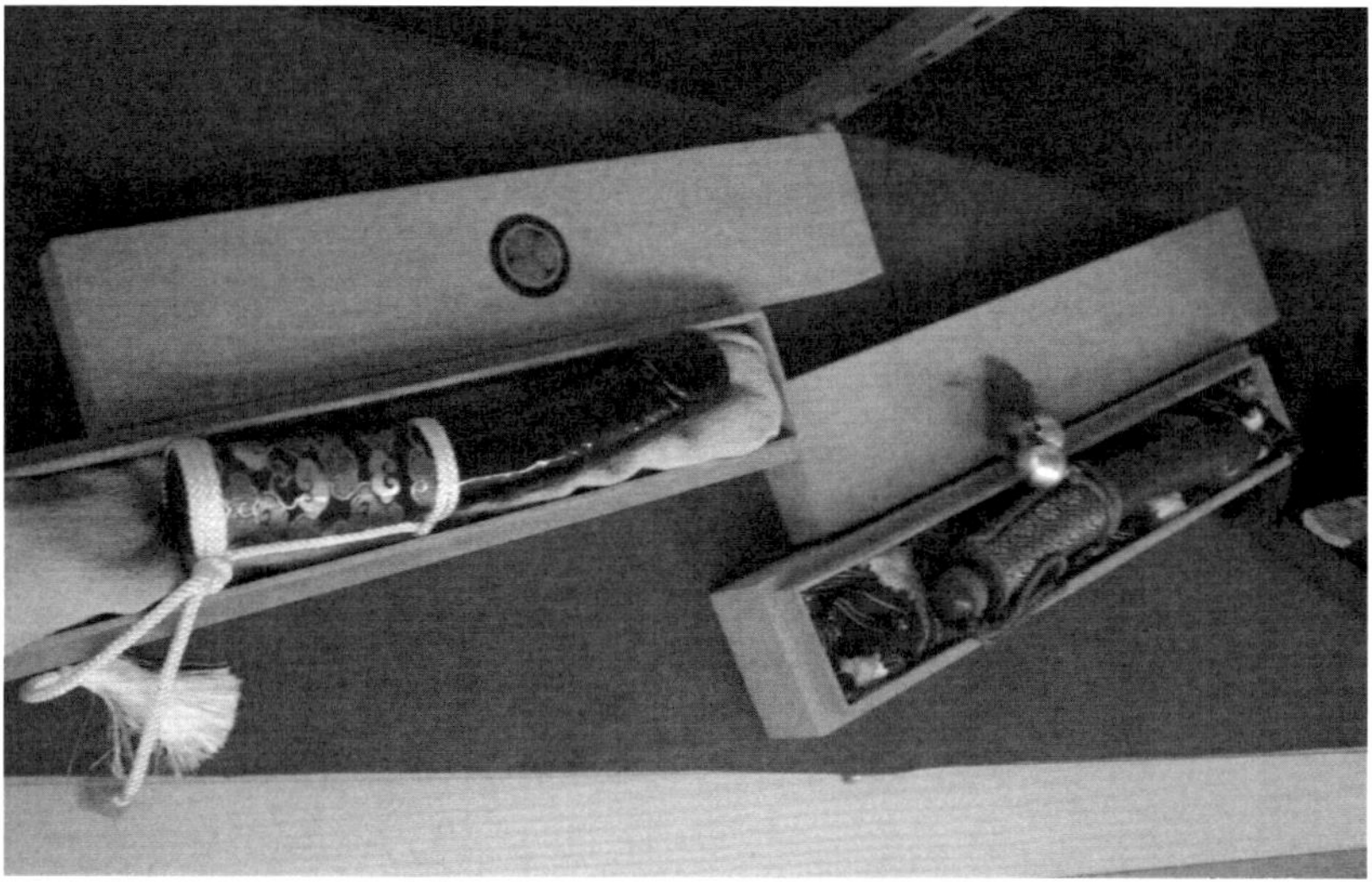

写真68 「元禄殿不要揃《いらず》い」（嬉野武雄観光秘宝館）（2013年撮影）。「黒錦歌麿形」「元禄姫夜泣き」「大奥夜伽枕」の３点がある。この写真には、そのうちの２点が写っている。

写真69　「スーハーマン」（嬉野武雄観光秘宝館）（2013年撮影）

写真70　「アラビアのエロレンス」看板（嬉野武雄観光秘宝館）（2013年撮影）

写真71　「アラビアのエロレンス」（嬉野武雄観光秘宝館）（2013年撮影）

写真72 「アラビアのエロレンス」月とウサギ（嬉野武雄観光秘宝館）（2013年撮影）

写真73 「アラビアのエロレンス」月とウサギ（背面交尾）（嬉野武雄観光秘宝館）（2014年撮影）

写真74　「珍説　鍋島化猫騒動」（嬉野武雄観光秘宝館）（2013年撮影）

写真75　「有明夫人」のボタン（嬉野武雄観光秘宝館）（2013年撮影）

写真76　「有明夫人」の正面で人形がこちらを向いたところ（嬉野武雄観光秘宝館）（2013年撮影）

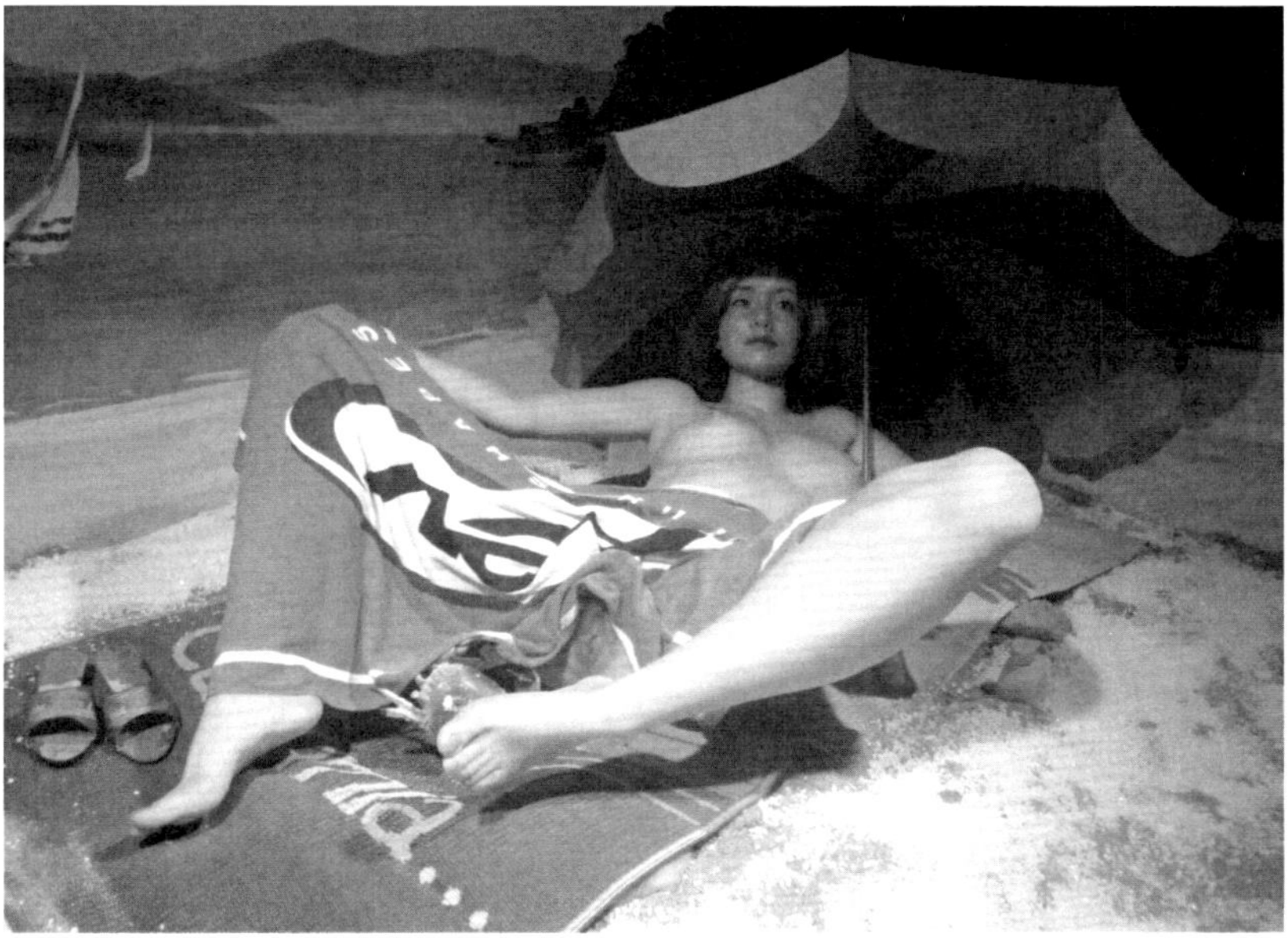

写真77 「有明の恋人」（嬉野武雄観光秘宝館）（2013年撮影）

写真78 「ハーレム　エロチカ・ア・ラ・カルト」看板（嬉野武雄観光秘宝館）（2013年撮影）

写真79 「ハーレム　エロチカ・ア・ラ・カルト」（嬉野武雄観光秘宝館）（2013年撮影）。２階の白いカーテンを開けると、１階の「ハーレム」全景が美しく見える。

写真80 「ハーレム　エロチカ・ア・ラ・カルト」(嬉野武雄観光秘宝館)(2013年撮影)。音楽、照明、人形の動きが連動して妖艶で入館者の目を釘付けにする。この写真は階段を下りる途中で撮影したもの。

図2　嬉野武雄観光秘宝館の入館者数の推移（1994―2013年）

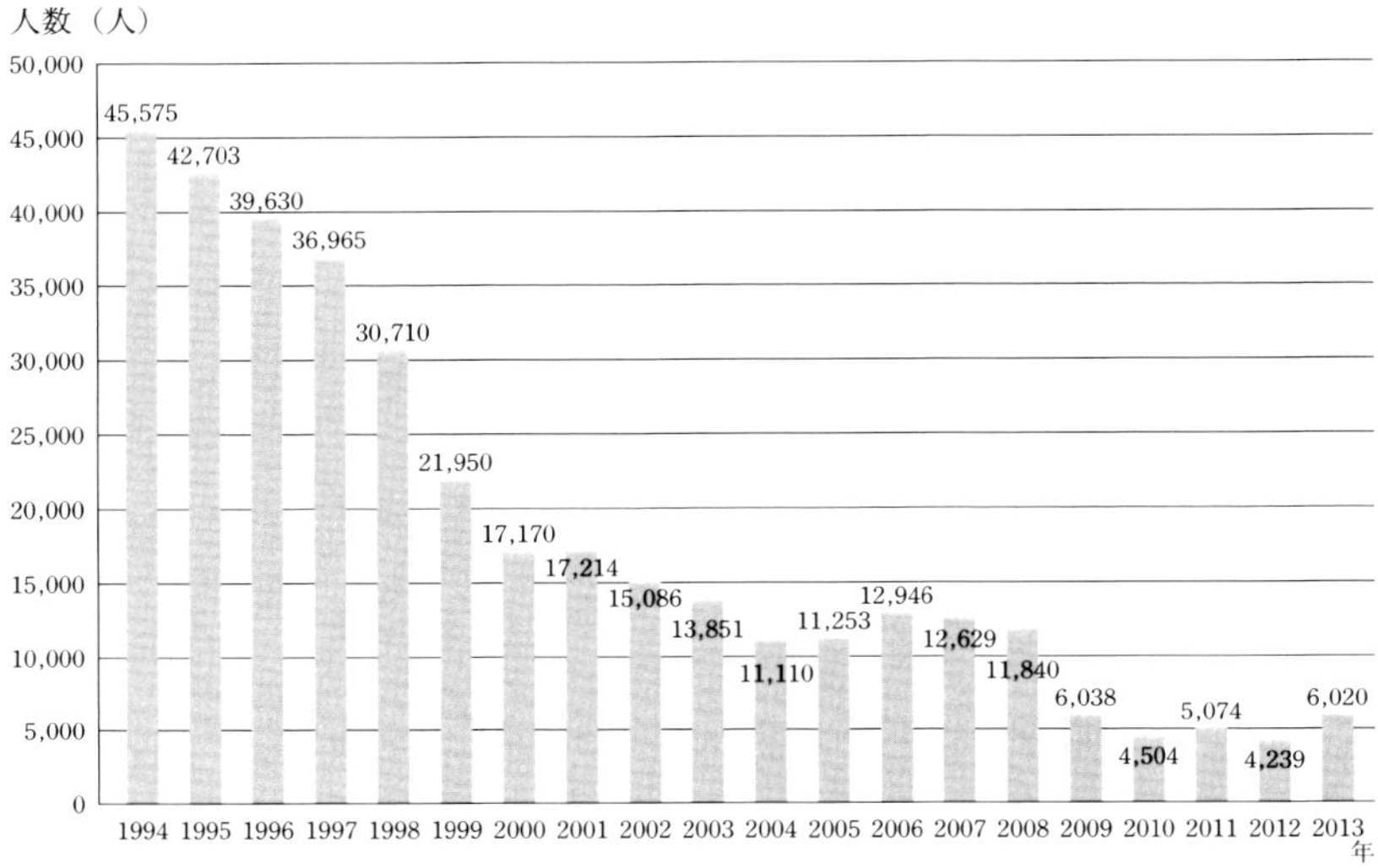

宝館では、天岩戸伝説によるウォーターマジックの一式を完成させた。東北秘宝館極楽殿の「小原庄助さん」という展示では、磐梯山が噴火する様子を噴水でイメージし、水中照明を当ててリアルに表現した。同じく東北秘宝館極楽殿の「ハーレム」では、水中の人形に関する装置一式と水中ポンプの圧力による人形の変化を担当した。青木氏によれば、ほかにも水に関する装置を製作した秘宝館として、鬼怒川秘宝殿と北海道秘宝館などがあるという（青木氏の本業はポンプの仕事であり、秘宝館の仕事は依頼があれば引き受けてきたという。東京創研からの依頼だけではなく、ほかのところからの依頼にも応じて博物館の展示品なども製作してきた）。青木氏は、「ポンプの圧力をいろいろな装置に取り付けて作動させることは非常に面白く、工場でのテストもうきうきしながらやっていました」と当時を振り返る。

　なお、東北秘宝館極楽殿の「ハーレム」および「小原庄助さん」は『秘宝館』に写真が掲載されていて、[1]作った専門家の話と当時の写真を照合させながら、時代を振り返ることができる。鬼怒川秘宝殿の写真も同書三六ページにあるが、鬼怒川はいまも営業をしているので実物を見ること

表6　嬉野武雄観光秘宝館の入館状況（単位は%、小数第2位を四捨五入）

	年代別						形態別			性別	
年	20代	30代	40代	50代	60代	70代以上	団体	カップル	個人	男性	女性
2011	50.0	20.3	9.5	10.4	7.2	2.6	15.4	47.5	37.1	60.1	39.9
2012	45.3	21.8	12.5	8.9	7.5	4.0	14.6	43.7	41.7	62.6	37.4
2013	53.5	20.1	9.5	7.5	5.8	3.5	10.5	48.2	41.3	58.1	41.9

注：ここで「団体」は「8人以上」を指し、「個人」は8人に満たない場合を指す。例えば1人の場合も5人の場合も、「個人」に含まれている。なお、2013年の年代別データは、小数第2位を四捨五入したために、合計が99.9%となっている。

ができる（鬼怒川秘宝殿は二〇一四年末までに閉館する予定：二刷時の追記）。

ここであらためて、水を使った展示は秘宝館の重要な一部であることがわかる。水中に人形や機械的要素を見えないように設置して、照明や音響のもとで、動きのある展示が生み出されてきた。ときにはその展示物に向かって入館者がアクションを起こす仕掛けも見られた。高度な専門的技術と参加型のアイデアによって、秘宝館での最先端の展示が可能になったのだ。

さて、嬉野の秘宝館全体の話に戻ろう。

秘宝館の入館者数のデータは、なかなか入手できない（または記録自体が残っていない）場合がある（そのこと自体も重要な現象だ）。だが大久保氏によると、嬉野の秘宝館では一九九四年以降の入館者数のデータが残っているという（毎年決算月を基準とするため、十月から翌年九月までの集計。例えば一九九四年のデータであれば、九三年十月から九四年九月の合計）。二〇一〇年までのデータは大久保氏が決算書をもとに算出し、情報を提供してくれた。一一年以降は、月別入館者数の情報をもらい、それをもとに同様の期間で筆者が集計した。入館者数の推移を図2に示す。これによれば、波はあるが入館者数が減少してきていることがわかる（なお、ピークは一九八〇年代後半だったそうで、年間約十二万人が訪れたという）。

さらに近年は、入館状況として入館者の年代別、訪問形態（団体・カップル・個人）別、男女別のデータを算出しているという。二〇一一年、一二年、一三年（各一月から十二月まで）の三年間について、大久保氏からデータの提供を受け、その割合を計算したものを表6にまとめた。なお、これらの年の入館者数（各一月から十二月まで）はそれぞれ、四千九百四十二人、四千二百五十五人、六千七百三十三人だ。

年代別の結果は二十代が最も多く、二十代と三十代を合わせると約七割に達している。また、訪問形態別のデータでは、カップルが最も多く半数に近い勢いだが、団体は少ないことが読み取れる。男女別の比率を見ると、男性が約六割、女性が約四割を占めていることがわかる。女性客も一定数いることがわかる。このようなデータが集計されて残っている例は非常に珍しく、秘宝館の一面を示す重要な記録になるだろう。

3　熱海秘宝館の現在

次に、東京創研の代表的作品である熱海秘宝館の例を見てみよう。熱海秘宝館も日本有数の温泉観光地・熱海にある。一九八〇年に開館し、八四年に東京ドームグループ（旧・熱海後楽園）がその経営権を取得している。入館者数の推移は、筆者が入手できた一九九四年以降の記録によると、それ以降のピークは九六年度の十六万八千三百四十六人だった（決算期が一月のため、二月から翌年一月までの集計。例えば九四年のデータであれば、九四年二月から九五年一月の合計）。この年は熱海後楽園ホテルの新館が完成した年でもあり、入館者が増加した。最新のデータである二〇一二年度は八万七千二百四十八人だ。熱海秘宝館の支配人によると入館者数は右肩下がりの傾向にあるというが、これは旅行形態が変化し、団体・宴会旅行が減少し、少人数での旅行が増加したことの影響もあるという。カップルやグループでの入館者が多く、一人での入館者はそれほど多くはないようだ。「大勢でわいわい楽しむ」という秘宝館の鑑賞様式が影響しているということだった。

熱海秘宝館につながるロープウエー乗り場（写真81）からロープウエーで山頂まで上ると、熱海秘宝館のテーマソングを歌う「妖妃マーメイド」[2]が入館者を迎える（写真82）（テーマソング「熱海秘宝館のテーマ」の歌詞は巻末の資料を参照）。

かつてこの人形は実際に動き、歌っていた（歌う仕草をしていた）。歌と人形の動きを合わせて作られた珍しい展示だ。完成間近のマーメイドの写真、頭部に埋め込んだコンピューターにさまざまな動きをインプットする様子、完成したマーメイドの写真は『秘宝館』[3]で見ることができる。

展示の例をいくつか挙げてみよう。「浮世絵名画集」（写真83、84）のコーナーでは絵の解説のテープが流れる。「仮面舞踏会」のコーナー（写真85）では、入館者が覗き込む展示がある。「飛び出すヒップ」（写真86）は秘宝館を象徴する展示だ。「わたしにさわって!!」と書いてある文字の奥に手を伸ばしても触ることはできない。笑い声とともに立体が逃げていき、視覚を惑わすような仕掛けになっている。なお、嬉野と北海道の秘宝館にも「飛び出す万珍」という同じコンセプトの展示がある。これらは映像による「錯視効果技術」を用いた展示と考えられる。「変身画廊」はほかの秘宝館にはない展示物で、有名な絵画（例えば『モナリザ』など）の前に行ってマットを踏むと、それが別の絵に変化する展示だ。光の加減によって二つの絵を瞬時に変える階段直前の展示（写真87、88）は、オペラなどの舞台技術にも用いられている技術だろう。ビーチの女性の展示「海辺の恋人」では、ボタンを押すと蟹がタオルを引っ張る（写真89）。これは嬉野の秘宝館で見た展示「有明の恋人」（写真77）と似ている。次の展示も嬉野の秘宝館の「有明夫人」（写真75、76）とコンセプトが同じだ。「熱海の貴婦人」の展示では、ボタンを押すとこちらを向くが、タオルで体の一部が隠されてしまう（写真90、91）。「温泉芸者」という展示（写真92）は、「のぞくべからず」「覗くなら顔を近づけ一人づつ」と書かれている。顔を近づけると入浴中の女性が見えるのだが、ガラスに水が放水され、入館者は驚くことになる（写真93）。そのほかにも「コインが

写真81　ロープウエーの乗り場（2013年撮影）。ここから秘宝館へ行くことができる。

写真82　「妖妃マーメイド」（熱海秘宝館）（2013年撮影）

写真83　「浮世絵名画集」看板（熱海秘宝館）（2013年撮影）

写真84　「浮世絵名画集」（熱海秘宝館）（2013年撮影）。絵の上にランプがついていて、その一つが点灯し、ランプがついた絵についての説明が音声テープで流れる。

写真85　「仮面舞踏会」（熱海秘宝館）（2013年撮影）

写真86 「飛び出すヒップ」（熱海秘宝館）（2013年撮影）。第３章で紹介した東京創研元専務の上島経氏によると、この展示は、「造型物を凹面鏡で屈折させてできた虚像をスライドさせるので、空間に立体的な造型物が現れる」仕組みだという。

写真87　絵画（熱海秘宝館）（2013年撮影）

写真88　絵画（写真87が変化したもの）（熱海秘宝館）（2013年撮影）

写真89　「海辺の恋人」（熱海秘宝館）（2013年撮影）

写真90　「熱海の貴婦人」とボタン（熱海秘宝館）（2013年撮影）

写真91 「熱海の貴婦人」の正面で人形がこちらを向いたところ（熱海秘宝館）（2013年撮影）

写真92　「温泉芸者」（熱海秘宝館）（2013年撮影）。「のぞくべからず」「覗くなら顔を近づけ一人づつ」と書かれている。展示のそばには「露天風呂（女子）」とも書かれている。

写真93 「温泉芸者」（熱海秘宝館）（2013年撮影）。熱海秘宝館パンフレット（「愛と神秘のご案内」「夢の扉を開くのはあなた」というキャッチフレーズが記載されているバージョン）には「露天風呂に遊ぶ芸妓さん」と説明されている。

うまく入ると開きます」と書かれた貝の展示（写真94）や「シューティングコーナー　フレンチポンポン」（写真95）など参加型の展示がある（この種の展示は北海道や嬉野の秘宝館でも見られた）。「魅惑のコスモロード」に入って進むと（写真96、97）、「プシュー」という音と空気を出して突然片目を閉じる展示があり（写真98）、入館者はびっくりする。「珍説一寸法師」（写真99）は、秘宝館入り口の「館内のご案内」にも書かれているように、「映像のトリック・ハイテク利用」によるものだという。このように、体のいろいろな部分を使って、体験しながら楽しめる展示内容となっている。熱海の秘宝館では、等身大人形を用いていない参加型展示も多くあることにあらためて気づく。

ところで、熱海秘宝館は数ある秘宝館のなかでもメンテナンスの実施や新たなアトラクションの導入が最も活発だ。アトラクション追加の歴史は表7のようになる。

表7　熱海秘宝館のアトラクションの追加

年月	追加
1987年4月	「熱海の貴婦人」
1988年3月	「モンロー」
1989年11月	「ビックリ」（2種）
1992年7月	「恵比寿鯛釣り」
1992年12月	「おみくじ堂」
1996年12月	「コスモロード」
1996年12月	「幻想の部屋」
1996年12月	「サイクル自転車」
1996年12月	「変身画廊」
2002年4月	「新説　浦島太郎」
2004年4月	「熱海の花火」
2007年3月	「吉原芸者」
2007年7月	「シーサイドマンション秘宝館」
2008年7月	「あなた好みのパートナー」
2010年8月	「亀のお出迎え」改修

写真94　貝の展示（熱海秘宝館）（2013年撮影）。「コインがうまく入ると開きます」と書いてある。

写真95　「シューティングコーナー　フレンチポンポン」（熱海秘宝館）（2013年撮影）。中央下の板には、「ハートをねらってね！　マン中に当たると大当たり！　ビックショータイム！」と書かれている。

写真96 「魅惑のコスモロード」入り口（熱海秘宝館）（2013年撮影）

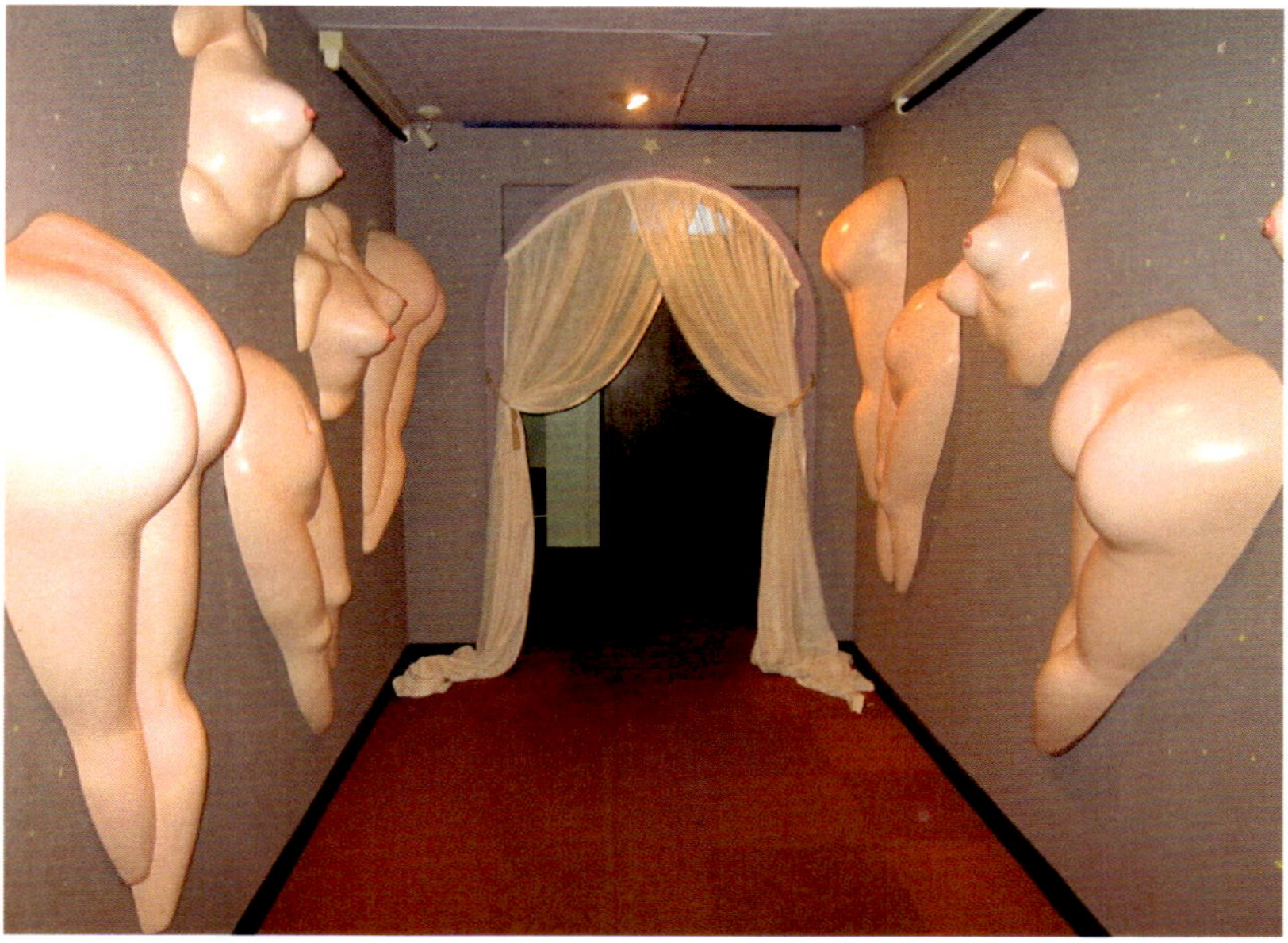

写真97　「魅惑のコスモロード」内部（熱海秘宝館）（2013年撮影）

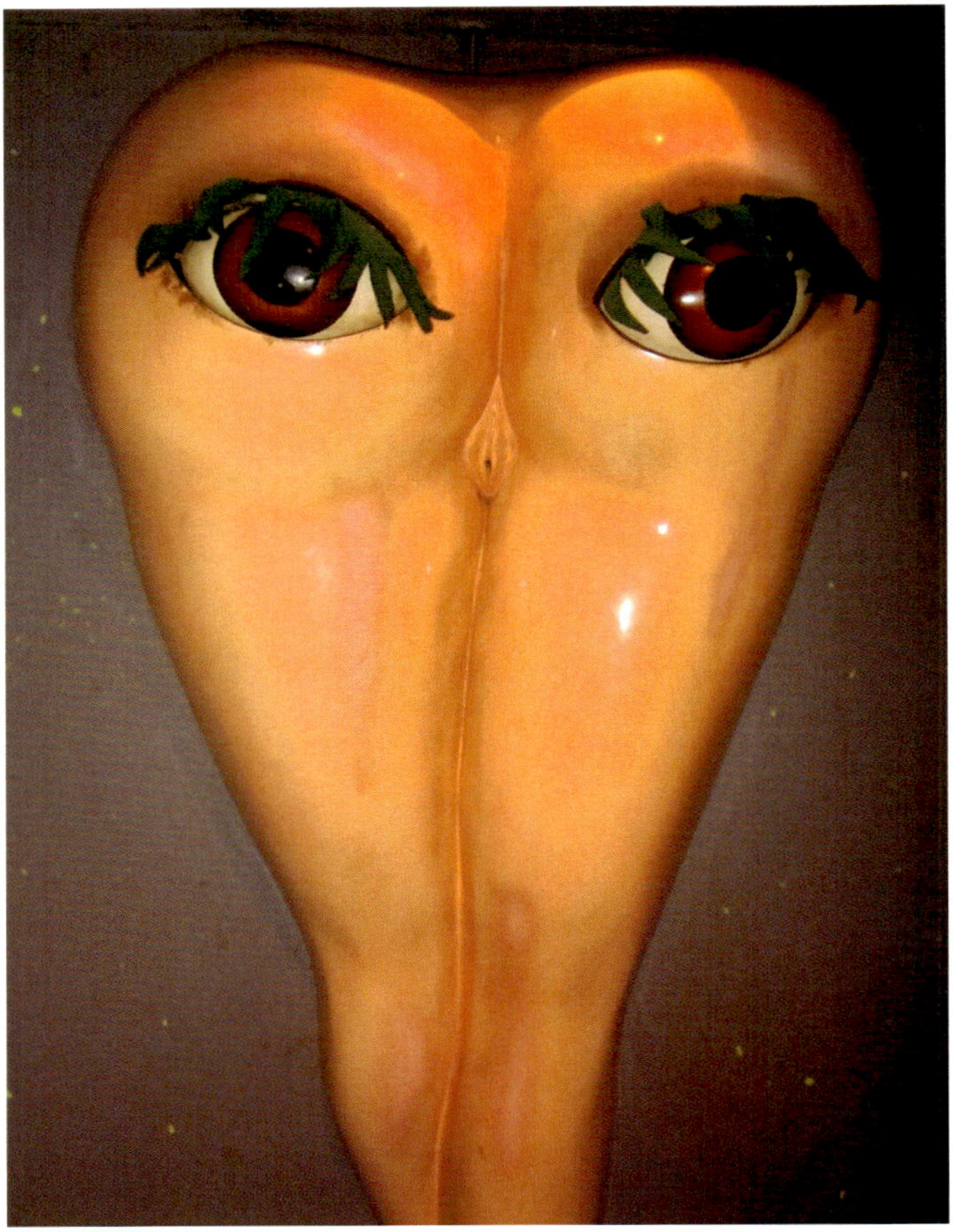

写真98 「魅惑のコスモロード」出口付近にある片目を閉じる展示（熱海秘宝館）（2013年撮影）

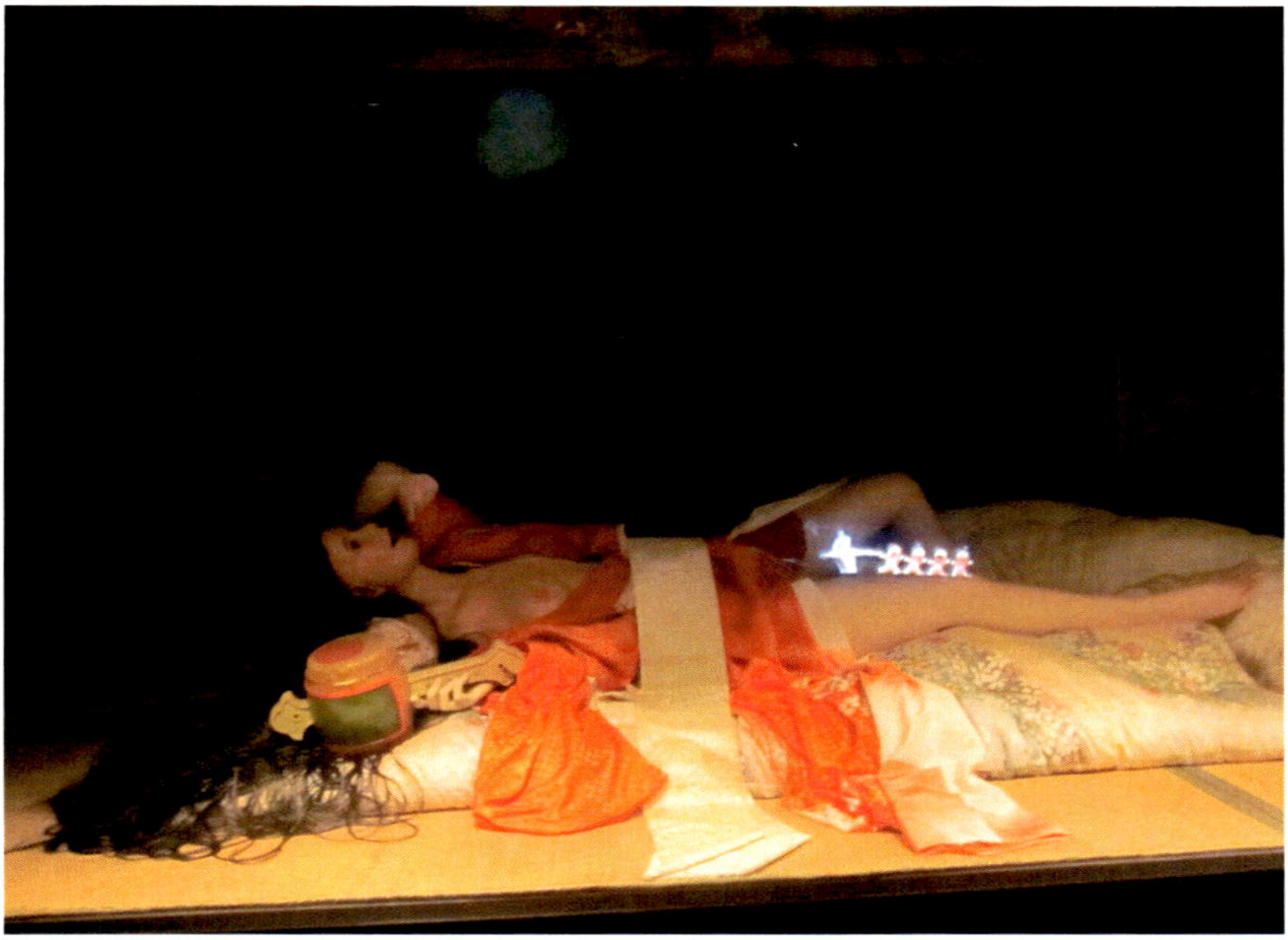

写真99　「珍説一寸法師」（熱海秘宝館）（2013年撮影）。上島氏（写真86参照）によると、この展示は「四台のプロジェクターによって映し出された像が天井にあるミラーに映り、それが造型物（人形）に映し出される」仕組みだという。

秘宝館も時代とともに変貌を遂げるということなのだろうか。人々が秘宝館に求めるものが変わってきたのだろうか。いろいろな問いが生まれる。

4 根幹にある参加型展示

嬉野の秘宝館は、アミューズメント性が高い秘宝館の集大成であり完成形でもあると筆者は思っている。その展示内容は三十年を経てもなお、私たちに娯楽を提供し続けてきた。嬉野の秘宝館は、東京創研が遺した仕事の原形をそのままとどめていて、秘宝館の歴史を知るうえで貴重で重要な秘宝館だと思う。

一方、熱海の秘宝館は、嬉野の秘宝館と同様にアミューズメント性が高い秘宝館の集大成だったが、展示物の変容を遂げながらさらに発展を続けている。その変遷を見ることによって、人々の要望に秘宝館が応えようとする過程が見て取れるかもしれない。

それでも、訪問者が参加して楽しむという鑑賞様式はともに一貫していて、秘宝館というテーマパークの根幹は変わっていないようだ。おそらくこの根幹はこれからも変わらないだろう。参加型の展示手法(博物館学でいう「ハンズ・オン」にみられるような工夫)を、秘宝館は一九七〇年代・八〇年代という早期から徹底的に追求してきたようだ。性はそれを具現化するためのコンセプトであり、テーマだった。性の展示をするためというよりは、楽しめるテーマパークを作りたいという発想が根底にあり、性をテーマにした大人の遊園地が生まれたのではないだろうか。

しばしば、性の情報が増加してきたために秘宝館が衰退したのではないかという見解を聞く。アダルトビデオの流行が秘宝館を衰退させたのではないかという解釈もある。しかし筆者は、ほかの理由があると思う。秘宝館は単に性の情報を伝える場所ではないからだ。秘宝館が衰退してきた背景には、団体旅行の衰退や娯楽の多様化、人々が観光に求めるものの変化などがあると思う。

いまの秘宝館は性の情報を伝える役割をもちえない（果たしえない）かもしれないが、アミューズメント性が高い秘宝館はもともとそれを目的としていなかったという解釈もありうる。ただし伊勢の秘宝館だけは特殊であり、啓蒙的要素と教育的要素が強い。そして、かつてどのような性の情報が「ひそかに」展示されていたのか――性を「ひそかに」展示するという機能をもっていたものがあるとすれば、それは伊勢の秘宝館だけだったのかもしれない。

注

（1）前掲『秘宝館』四―六ページ（「ハーレム」の写真）、三〇ページ（「小原庄助さん」の写真）

（2）熱海秘宝館パンフレット（「愛と神秘のご案内」「夢の扉を開くのはあなた」というキャッチフレーズが記載されているバージョン）

（3）前掲『秘宝館』一〇五―一〇六ページ

第5章　遺産としての秘宝館

1　あとから見直される身体模造

身体模造という造形表現は、それがおこなわれた時代よりもあとになって評価される場合がある。本物そっくりに作られた身体は、その時代には評価されにくいのだろうか。

もとの技術や展示形態が失われたあと、ずいぶんと長い時間を経てそれを評価する学芸員やアーティストが登場し、美術館や博物館に展示されるような事例がある。本書で取り上げた生人形はその一例だ。生人形は松本喜三郎の没後百年以上を経て再評価され、熊本市現代美術館で展示された（「生人形と松本喜三郎」展、二〇〇四年六月五日―八月十五日）。

あるいは、本物そっくりに作られた身体がその時代にはある特定の役割を果たしていたにもかかわらず、製作が途絶えたあと、長い時間を経て芸術的に評価される場合もある。蠟製皮膚病模型（ムラージュ）はその一例で、北海道大学総合博物館は二〇〇七年からムラージュの一般公開を始めた。〇七年一月十三日の北大総合博物館セミナー（土曜市民セミナー）のチラシには、「極めて細密に患部を再現した北大皮膚科所蔵のムラージュは歴史的にも医学的にも、また芸術的にも大変貴重なものです」と記されていた（「北海道新聞」二〇〇七年一月十四日付の記事「皮膚病患者から石こうで型　医学教育担った模型　公開　北大」は展示開始を告知する内容だ）。医学教材であるムラージュが、日本で一般公開される例はきわめて珍しく、画期的だった。医学史の観点から一般公開の意義は大きいが、先ほどのチラシが芸術性を認めている点にも注目したい。北海道大学総合博物館の展示ブースの説明（一部）をさらに見てみよう（二〇一四年二月現在）。

北大皮膚科のムラージュは大正時代より昭和三十年代までに作られたものがほとんどであり、経年による破損・色あせなどが深刻となってきました。極めて精巧に作られたムラージュは、医学的のみならず、歴史的にも芸術的にも貴重な資料と思います。

医学で用いられるムラージュの精巧さは、いわゆるロウ人形などとは比較にならず、その緻密さは驚嘆に値します。限界にまで突き詰められる製作技術の発展は、生命を扱う医学の特性とも言えます。今回展示されるムラージュは、人間の「病」や「死」への恐怖、言い換えれば「健康」や「生きる」ことに対する憧れから発生する、膨大なエネルギーによって完成された、究極の芸術と言えるのかもしれません。（北海道大学大学院医学研究科皮膚科学分野　教授　清水宏）

ムラージュに酷似した展示は、第2章で触れたように伊勢の秘宝館にも展示されていた。病変部分だけの精巧な模型、視覚で病変を理解するための模型、立体的で人間と同じ大きさの実物大の模型、白い布で境目を覆う特徴など、両者にはいくつもの類似点がある。

人間そっくりの人形の場合、その迫真性の高さゆえにか、その時代には低く位置づけられ、のちの時代になって高く評価されることもありうる。一方、医学教材用の模型のように、その迫真性のためにある時代に教材としての役割を十分に果たすが、そのあとの時代になるとそこに芸術的価値が付与される場合もある。

秘宝館は迫真性が高い等身大人形を展示しているためか、またそこに性というテーマが付与されているためか、低く評価しようとする人がいる。しかし本物そっくりな等身大人形によって人々の想像力にはたらきかける展示は、私たちに圧倒的な力で迫ってくる。この展示がもっている歴史的文脈や意味を考えることは、実は重要だ。

迫真性を追求しながら性をテーマに展開された秘宝館にいち早く注目し、閉館した元祖国際秘宝館鳥羽館（SF未来館）の展示を横浜トリエンナーレやゑびす秘宝館、ルクセンブルク現代美術館などで公開（二〇〇一年、〇二年、〇七年）したのは都築響一氏だ。ルクセンブルク現代美術館で開催された "TOMORROW NOW—When design meets science fiction"（二〇〇七年五月二十五日—九月二十四日）において、そのなかの一つとして秘宝館の展示が再現された（写真100、101、102）。都築氏は日本の秘宝館が本格的に失われ始める前から秘宝館の意味を問い、そして広く国内外に向けて発信してきたのだ。

本書で見てきたように、秘宝館は突然生まれたものではなく、その誕生は日本における身体模造の歴史のなかで読み解くことができると思う。またそこでは、日本で長く続く身体模造という造形表現のなかで、何が変容し何が継承されたのかという観点も生まれるだろう。

人々が本物そっくりの身体を模造して展示するという営み、またそれを見ようとする人々の存在、そして作られた等身大人形によって日本の身体模造は歴史を紡いできた。「迫真性が高い等身大人形は、どの時代に、なぜ、どのように誰が作ってきたのか」「迫真性が高い等身大人形は、どの時代に、なぜ、どのように誰が見てきたのか」という問いは、解かれるべきだろう。秘宝館を身体模造の歴史のなかに位置づける作業が、いまこそ必要といえるかもしれない。「秘宝館の歴史化」とも呼べそうだ。

写真100　ルクセンブルク現代美術館（2007年撮影）

写真101　ルクセンブルク現代美術館で展示された元祖国際秘宝館鳥羽館（SF未来館）の展示品（2007年撮影）

写真102　ルクセンブルク現代美術館内の秘宝館展示ブース入り口（2007年撮影）。「ＴＶでおなじみの秘宝オジサン」が入館者を歓迎している。この黒い壁には、「Certain scenes may shock sensitive persons. This exhibit is forbidden to minors.」と記されている。

秘宝館が画期的だったのは、等身大人形に訪問者が参加できる仕掛けを組み込んだことだろう。これは、身体模造の歴史から見れば新たな挑戦だった。東京創研の専門家たちの画期的な発想――つまり等身大人形の周辺に変化をもたらす演出――は、秘宝館に大人の遊園地としての楽しみを与えたことだろう。きわめて珍しい例として、熱海秘宝館のマーメイドのように音楽に合わせて動いたり歌ったりする蠟人形も存在するが、ほとんどの蠟人形は動かない。その動かない蠟人形の周辺が変化する演出が面白いのだ。こうした変化を起こすためには、入館者がボタンを押したりハンドルを回したり覗き込んだりしなければならない。静かに見学するわけにはいかないのだ。こうした動作をすると風が吹いたり、展示物が動いたり、水が飛んできて、入館者に驚きを与えたことだろう。そこで入館者同士が驚きや笑いを共有した（できた）のではないだろうか。

身体模造はあとから見直される。秘宝館のなかの造形表現が見直されるとすれば、性をテーマに真に迫る表現を追求して生まれた等身大人形そのもの、あるいは、身体模造の造形表現と参加型展示の両者が結び付いた手法がその理由になると筆者は予期している。

2　余暇の歴史から見る秘宝館

次に重要になるのは歴史との関係だ。等身大人形を用いた最初の秘宝館が生まれたのは一九七二年のことだった。温泉観光地で秘宝館が隆盛したのは八〇年代だ。なぜその時代だったのか（なぜそれよりも前の時代ではなかったのか、なぜそれ以降の時代ではなかったのか）ということを考えると、当時の日本の社会経済的な背景や余暇のありかたが見えてくるように思う。

観光が大衆化した時代に秘宝館は生まれ、観光が女性化した時代に秘宝館は流行し、観光が個人化した時代に秘宝館は衰退したといえるかもしれない。それはまたたく間の変化だったたし、歴史的観点から見ると、それはあっという間の期間だった。この短い期間に、秘宝館は強い勢いで華々しく展開された。もちろんそこには、それを受容した大勢の人々が存在した。

その時代の歴史や統計データと秘宝館のあゆみを検討すれば――両者の因果関係を証明することは難しいとしても――、両者の歴史的な対応関係を見ていくことはできる。また、秘宝館という遊興空間の開館や閉館という側面から、当時の人々が秘宝館に求めたものを読み取ることができるかもしれない。

秘宝館の存在を余暇の歴史から読み解く場合、すでに触れたように大阪万博やテレビとの関係、映像技術・舞台技術の秘宝館への応用、アミューズメントを支えた人々の人生（ライフ・ヒストリー）など、多くの側面からの考察が可能だ。

余暇の歴史から見れば、秘宝館を作った人々の人生には日本の余暇の歴史が関係している。彼らは秘宝館だけを作ったのではなく、数多くのアミューズメントの仕事に携わった。秘宝館はそのなかの一つだった。筆者が調査を進めるなかでも言われたことがある。「（秘宝館を施工した方は）ほかの数多くのアミューズメントを作る仕事をしてきていて、秘宝館はそのなかの一つだったのだよ」と。秘宝館を作った人々の人生を知り、彼らのライフ・ヒストリーと日本の余暇の歴史を組み合わせて考えることは、今後さらに大切になるだろう。これによって、日本の余暇の社会史をよりいっそう明らかにできるかもしれない。

3　ヨーロッパの医学展示と伊勢の秘宝館

秘宝館の研究は、ヨーロッパの医学模型の考察にもつながっていく。というのも、伊勢の秘宝館の保健衛生コーナーに展示されていたような性病模型や妊娠模型（例えば子宮内での胎児の様子を示した「双胎妊娠模型」〔ガラスケース収納。写真103〕など）は、ヨーロッパの博物館でも展示され、一般公開されている。一例を挙げると、フィレンツェのラ・スペコラ博物館には、伊勢にあった「双胎妊娠模型」と同じような（しかし、さらに精巧な）模型がある。一般公開はもちろんのこと、この模型（の写真）は、はがきやマグネットになって土産として売られていた（写真104）。胎児の成長模型も展示されている。

イタリアでは医学展示が一般公開されているのに、日本ではなぜ一般公開されにくいのか、また、イタリアでは公的な大学博物館に展示されているのに、日本ではなぜ秘宝館という私的な遊興空間に展示されたのか——これらは興味深い論点だ。医学教材がまなざされる現象とそれをまなざす人々の存在——医学と見世物の密接な関係や「医学のポルノグラフィー化」は重要な論点になるだろう。

医学と見世物の関係について、ある蠟人形を取り上げよう。パリ第五大学医学部のデルマス・オルフィラ・ルヴィエール博物館（二〇〇六年訪問時には、予約のうえで見学が認められた）にあった「スピッツナー博士のコレクション」の一つ、「スリーピング・ヴィーナス」（写真105）だ。パリの「スリーピング・ヴィーナス」は、荒俣宏が『衛生博覧会を求めて』のなかで「〈眠れるウエヌス〉」[1]として紹介している蠟人形とまさに同じ人形だ。

荒俣は「フィレンツェにあるラ・スペコラ博物館の知られざる名品解剖蠟人形〈解剖されたウエヌス〉」[2]を紹

介していて、パリの蠟人形（荒俣はそのページを指して四ページと記しているが五ページのことだろう）は「この名品の模倣である」と述べている。なお、ヨーロッパにはこの種の蠟人形が残されていて、それらが「フローレンティン・ヴィーナス」と呼ばれることもあるのは、このフィレンツェの蠟人形に起源があるといわれている。

パリの女性（の蠟人形）に話を戻そう。この女性は、美しいドレスに身を包んで眠っている。腹部は解剖されていて、開けることができる（写真106）。なぜ医学用の模型に解剖学以外の特徴（女性、まつ毛、長い髪、眠っている、ドレスを着ているなど）があるのかは興味深い論点だが、さらに驚くべきことに、この蠟人形には息をする装置がついているという（写真107）。二〇〇六年一月に博物館を訪問した際の担当者クリスティアン・プレヴォト氏から、同年四月に郵便で写真の提供と手紙を受け取った。解剖学用蠟人形に息をする装置がなぜ必要だったのか。迫真性を追求する欲望は精巧な模型（を作ること）だけでなく、息をするという動作（の再現）にまで及んでいたのだろうか。この蠟人形については、荒俣も「ウィーン万博（一八七三）に出品され、ふたつのメダルを受賞した傑作で、胸の内部に機械が仕かけられており、ときどき起き上がるしぐさを見せたという。だがいまは動かないらしい」[3]と指摘している。起き上がる装置だったのか息をする装置だったのかは筆者は自分の目で確かめてはいないが、ここで重要なのは、「まるで生きているかのように」作られた蠟人形だったということだ。

ちなみに「息をする」「女性の」「眠っている」蠟人形といえば、ロンドンのマダム・タッソー蠟人形館の「スリーピング・ビューティ」を思い出す（写真108）。医学、博物館、蠟人形、女性――このような観点から、もう一度日本の秘宝館を見つめ直すことができるかもしれない。

二〇一三年十一月三十日、北海道大学高等教育推進機構科学技術コミュニケーション教育研究部門（CoSTEP）主催のサイエンスカフェ in 三省堂書店札幌店「観光化する身体――博物館・蠟人形・秘宝館と女性」が開催され、筆者はそこにゲストとして招かれた。CoSTEP 作成のチラシ（一部）には、次のように書いて

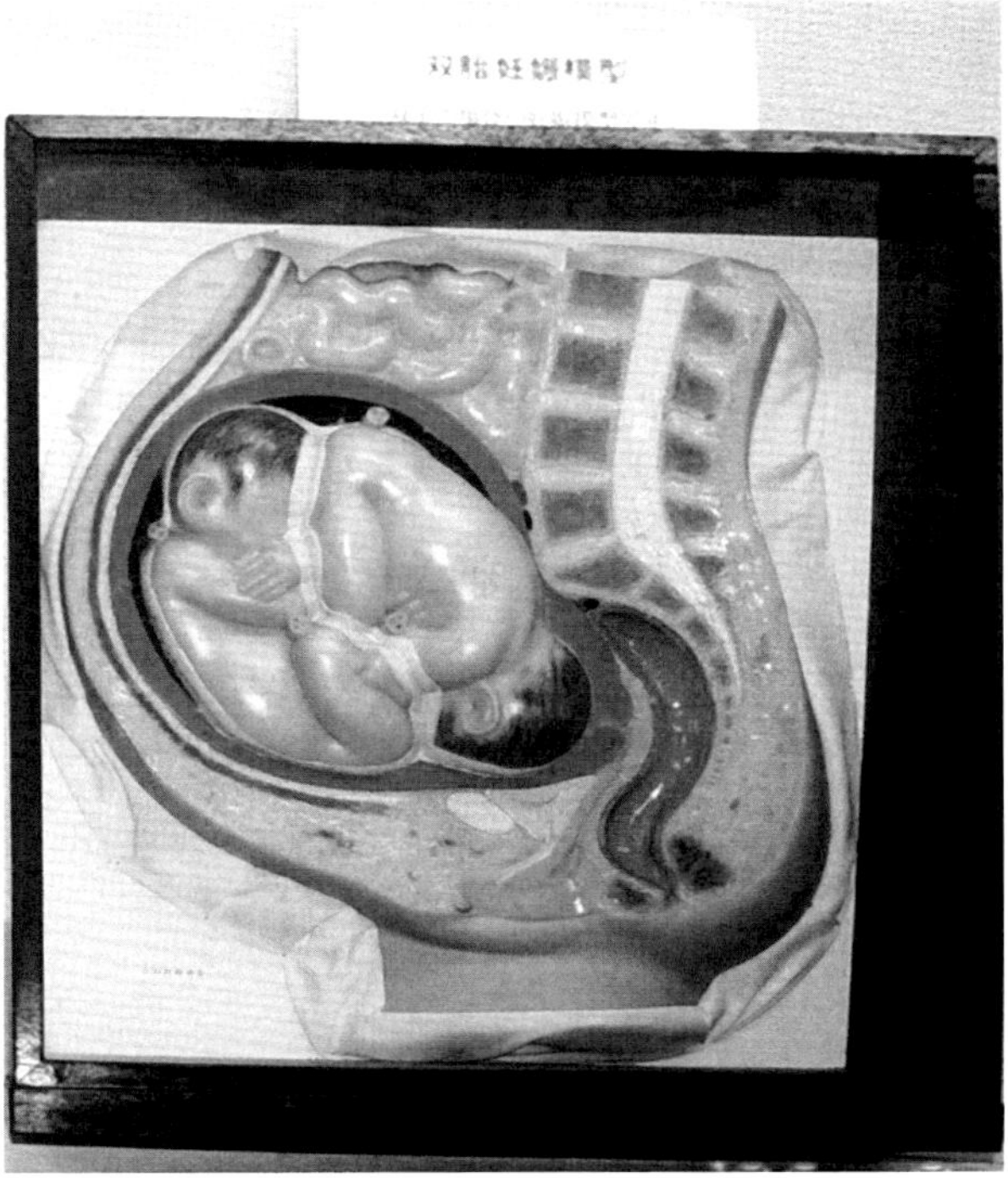

写真103 「双胎妊娠模型」と書かれた展示（元祖国際秘宝館伊勢館）（2005年撮影）

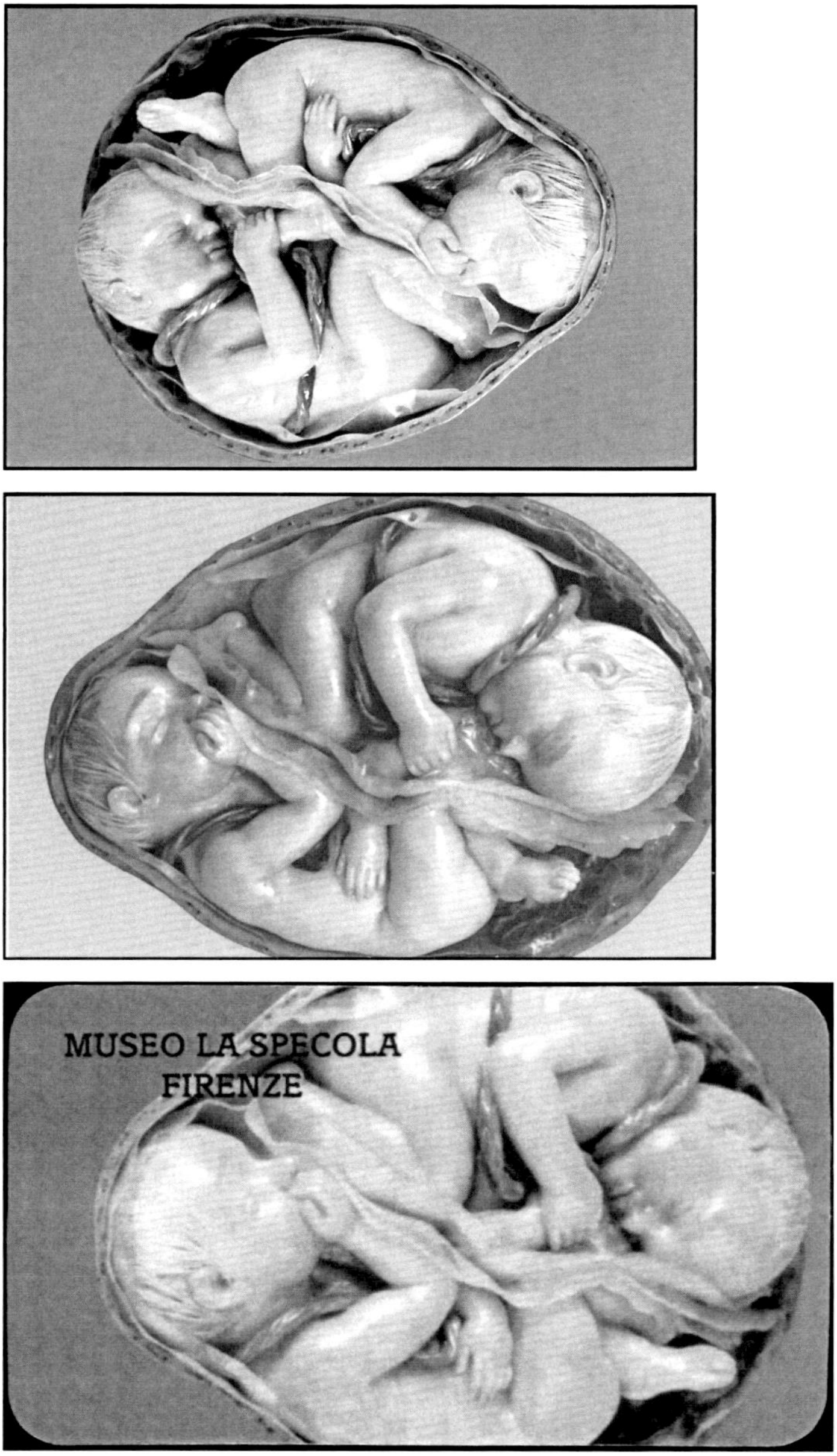

写真104　フィレンツェのラ・スペコラ博物館の土産で双胎妊娠模型のはがきとマグネット（二〇〇六年購入）

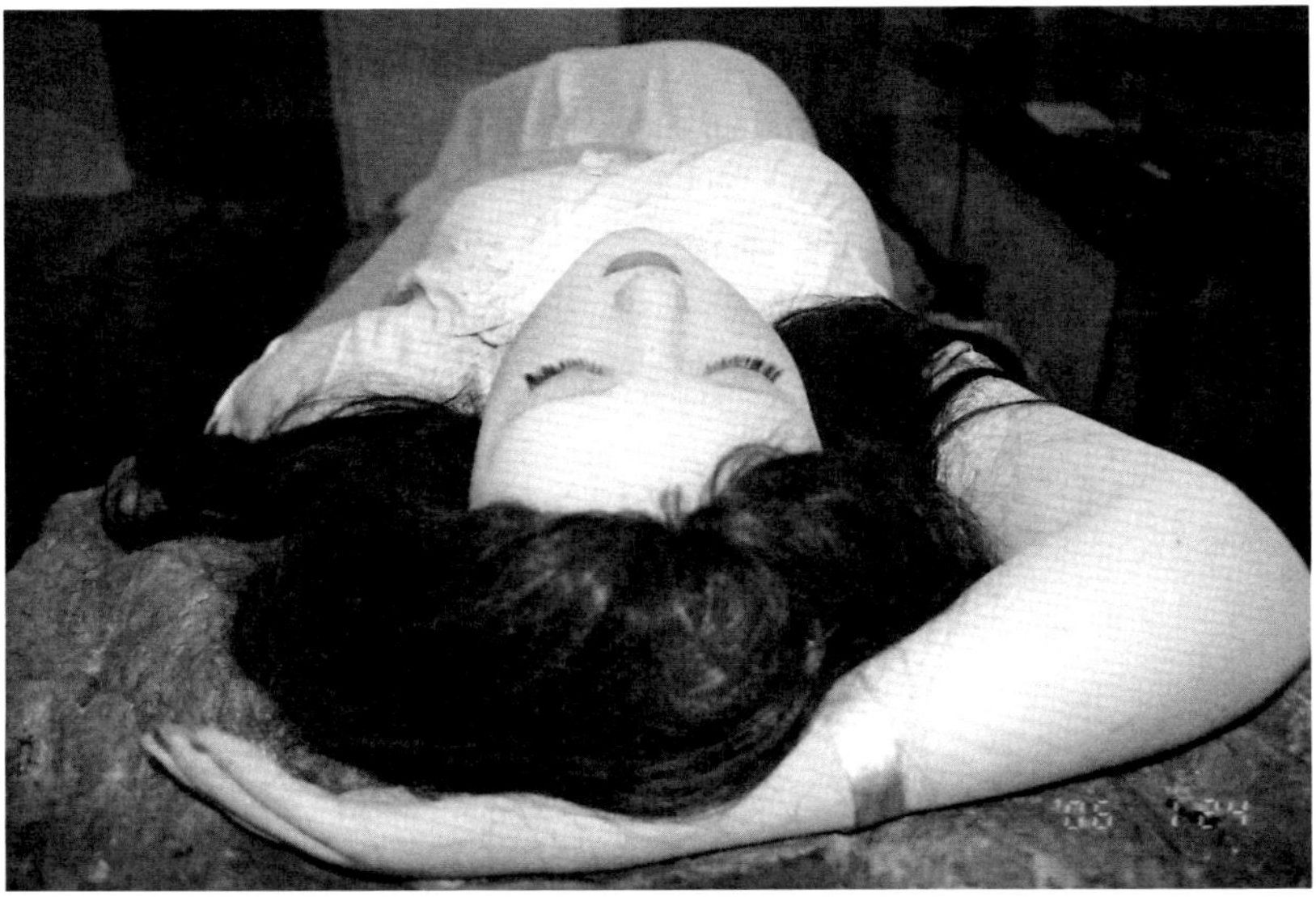

写真105　「スピッツナー博士のコレクション」の「スリーピング・ヴィーナス」（2006年撮影）

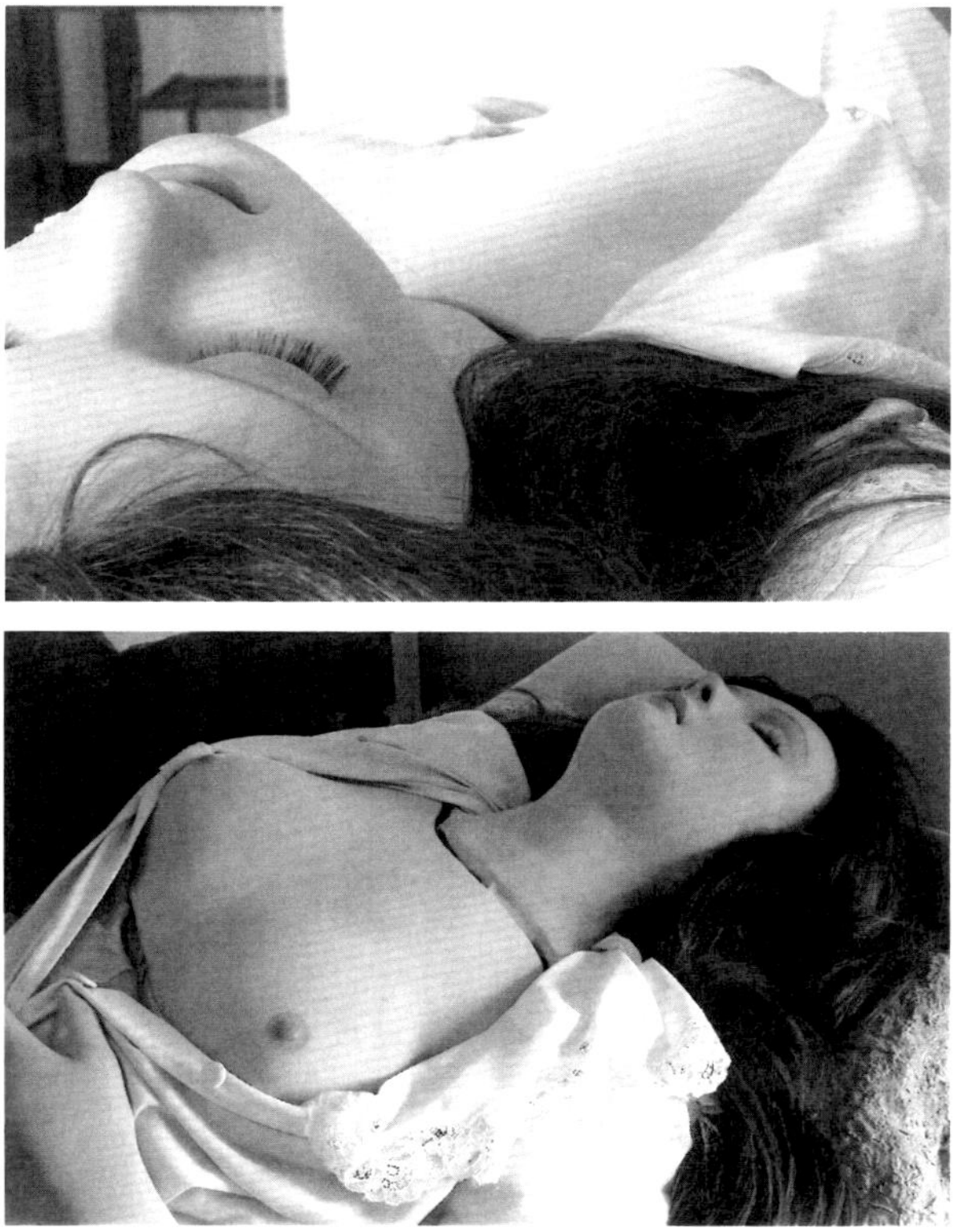

写真106　「スピッツナー博士のコレクション」の「スリーピング・ヴィーナス」（2006年、クリスティアン・プレヴォトー氏提供）

写真107 「スピッツナー博士のコレクション」の「スリーピング・ヴィーナス」が展示されている台の内部（2006年、クリスティアン・プレヴォトー氏提供）

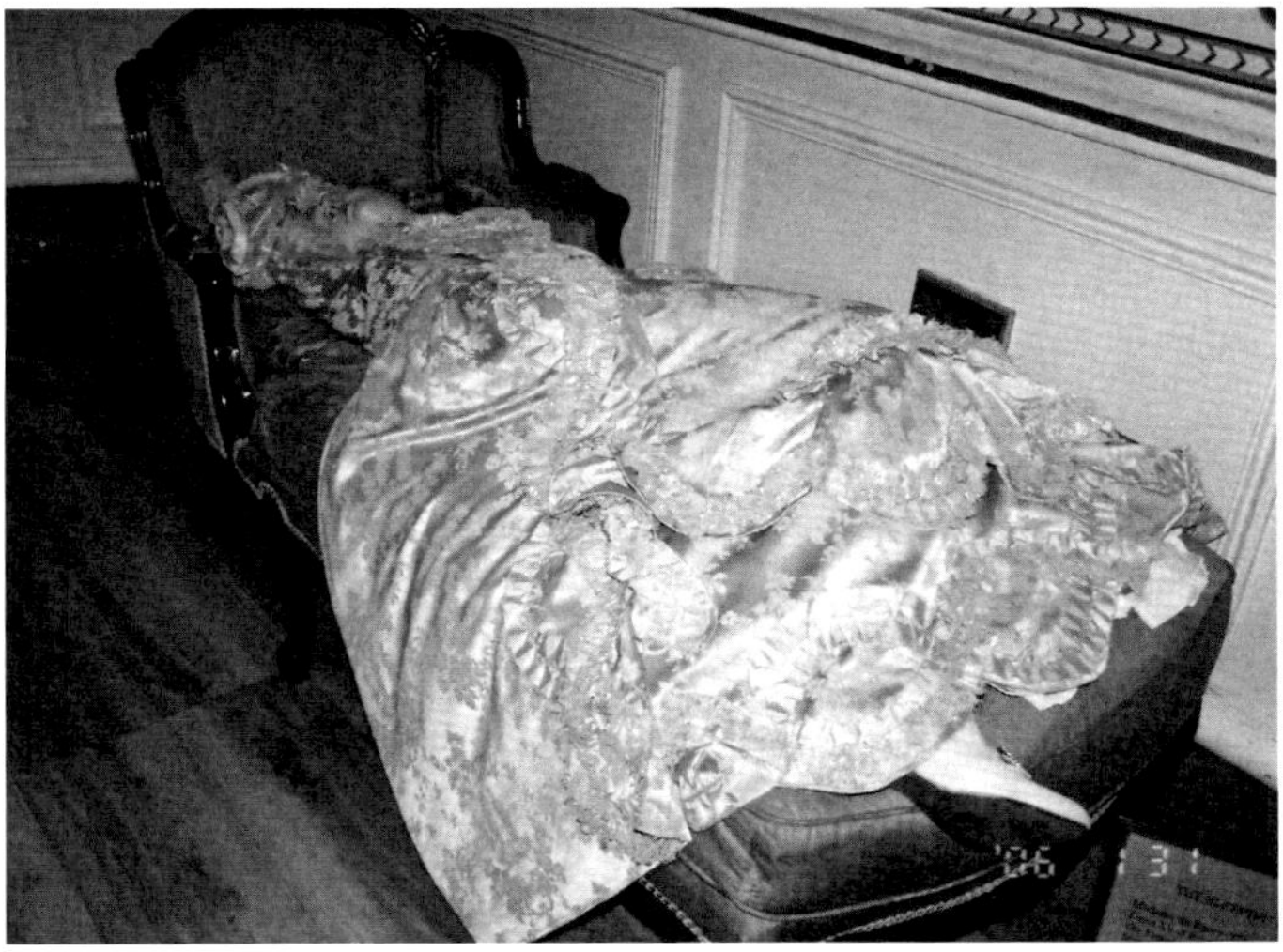

写真108 マダム・タッソー蠟人形館の「スリーピング・ビューティ」（2006年撮影）

ある。

札幌からほど近い定山渓温泉。その入り口には秘宝館がありました。読んで字のごとく、秘された宝の館、秘宝館。「大人の遊艶地」「性愛の殿堂」とも呼ばれた秘宝館は、性に関する等身大の人形を展示しており、いかがわしいと批判を受けることもあります。しかし、秘められた身体を見たいという人々の欲求は根源的なものです。そして、秘宝館のルーツは、博物館、医学用蠟人形、人体や病気に関する啓発、展示技術によって、ゆるやかに科学の世界とつながっているのです。また、秘宝館の盛衰を女性の社会的立場や観光形態の変化で捉えることもできます。多くの秘宝館がターゲットにしようとしたのは、七〇年代半ば以降にライフコースが多様化した女性だったとも考えられています。

「本物に限りなく近く、それでいて本物ではない」迫真性をもつ人形、「複製身体」を秘宝館で観光する私たち。秘宝館が次々と閉館している現在、欲望と科学の混沌とした潮流は、次にどのような形で立ち現れるのでしょうか。

ここにあるように、科学の歴史と秘宝館の関わりについてまでも考えを発展させることができるだろう。秘宝館は国内での研究にとどまらず、海外の模型や科学の世界ともつながっている。

4　本書の限界と秘宝館の系譜

本書にはさまざまな限界がある。秘宝館に詳しい方はすでにそれにお気づきだと思う。しかし筆者は、そうした事態に希望をもっている。解決されていない問いがあればあるほど、秘宝館は奥が深く、まだ解かれるべき問いがあることを意味するからだ。秘宝館を考察しようとする人々によって多くの議論が生まれ、足りない部分が多方面から検討され、解明されていけば、秘宝館研究の進展につながるだろう。

本書には、例えば以下のような限界があると思う。

第一に、調査を開始した段階で残っていた一部の秘宝館しか研究できていないというそもそもの限界がある。これまで何度か紹介してきた『秘宝館』は、実は次のような長い表現——『豪華愛蔵保存版　秘宝館〈日本が生んだ世界性風俗の殿堂〉』——が背表紙に添えられている。この表現にふさわしく、情報を網羅的に集めていることの本を見ると、下記のようにほかにも秘宝館という名の施設が存在する（した）ことが読み取れる。その名称と開館年をそのまま写せば、東北秘宝館極楽殿（一九八一年）（年表二六ページには「東北秘宝館極楽院」と記載されているが、三〇ページの紹介と写真では「東北秘宝館極楽殿」となっているため、ここでは後者を採用した）、甲府石和・国際秘宝館（一九八一年）、沼津秘宝館（一九七七年）、鳥羽・国際秘宝館（SF未来館）（一九八一年）、北陸秘宝館（一九七九年）、山口・秘宝の館（一九七八年）、島根・神話秘宝館（一九八二年）などだ（名称は一九ページの一覧表の順、開館年は二四—二六ページの年表を参照した）。

ほかにも例えば、四国の高知市種崎のあたりや香川県仲多度郡琴平町のあたり（金刀比羅宮の近く）にも存在していたようだ（高知の展示施設は「土佐桃源郷」というような名称であり、秘宝館という表現ではなかった可能性があるのだが、等身大人形があり、秘宝館の特質を有していたことはわかっているので、ここに含めた）。

なお、『秘宝館』は今市・竜王観音、塩原・高尾観音、小豆島・性総院、徳島・男女神社秘宝館、性態博物館（元・陰陽秘宝館）も「秘宝館」に含めているが、アミューズメント志向ではないため右には記載しなかった。ただし、徳島の秘宝館については後述する。また、秘宝館という名称がつくものとして、京都の清滝江戸風俗秘宝館がある（二〇〇五年訪問）。チラシには「江戸・明治・大正時代の性資料が約三千点並べられ、性風俗の歴史や封建時代の生々しい性犯罪の記録、昔の遊郭の実態・道祖神、春画の浮世絵などがみられる」という記載がある。アミューズメント志向ではない。山形の立石寺にも「秘宝館」はあるが、こちらには寺の宝物が展示されている（二〇〇五年訪問。訪問時の写真によれば、入り口付近の看板には「宝物館　山寺の歴史を物語る文化財をご覧下さい」とあるが、入り口の上にある木の看板には「秘宝館」と書かれていた）。

この『秘宝館』は絶版になっているが、日本文化を知るうえで大変貴重な資料だ（国立国会図書館所蔵）。同書は秘宝館を網羅しているが、この本と筆者の研究を重ね合わせると一定のことがわかってくる。例えば、日本で初めて等身大人形を用いた秘宝館は、やはり伊勢の秘宝館だったことだ（『秘宝館』では、「伊勢・国際秘宝館（世界恐怖館）」という記載があり、年表では一九七一年十月にオープンと書かれているが、オープンは七二年十月が正しいことは第1章でも述べた）。また、この本には秘宝館を生んだ松野正人氏の手記(4)をはじめ、東京創研の広告(5)や川島和人代表の手記(6)が載っていて、彼らが作ってきた秘宝館についての情報や歴史もある程度わかる。東京創研はアミューズメント志向の秘宝館を精力的に温泉観光地に作ってきた。これらの情報を本書の分析とつなげて考えると、秘宝館の歴史の解明に重要だと思われる伊勢、別府、北海道、熱海、嬉野などの秘宝館（開館順）が、筆者の調査開始時にまだ残っていたことの意味はとても大きかった。

さらに秘宝館に詳しい人には、徳島の男女《おめ》神社秘宝館が気になるかもしれない。『秘宝館』の年表によれば、一九六九年四月の欄に「全国初の秘宝館「男女神社秘宝館」が徳島県にオープン」と書かれているからだ。伊勢より早い時期だ。では、どちらが最初の秘宝館なのか。徳島に行ってみると、「日本最初乃秘宝館」という文字が木の板に書かれていて（写真109）、パンフレット（写真110）を開くとなかに「宗教法人 男女神社秘宝館……!?」というタイトルで、男女神社とそこに併設されている秘宝館について説明されていた（二〇〇五年訪問）。そこには、秘宝館は「全国最初の物でいわば「草わけ的存在」と自負致しております。陳列内容は浮世絵を中心に甲冑類、骨董類、刀剣類等をも含め多種多様に渡り充実を期し陳列してあります」と記載されている。なるほど、日本で最も早く「秘宝館」という名で性に関して展示をした場所なのだろう。

秘宝館の歴史の解明では等身大人形が核心になると考えたので、等身大人形のある秘宝館を分析対象に選んだ。つまり、筆者がいう秘宝館は狭義の定義によるものだ。秘宝館を広義に「性をテーマにしている私設展示場」と位置づけ、「コレクション系」と「レジャー系」に分類した田中雅一の定義のほうがわかりやすいかもしれない。筆者が注目した秘宝館は、田中雅一の分類でいうと「レジャー系」にあたるだろう。(7)

第1章でも述べたように、性が観光の対象となる現象にはいくつかの類型がある。筆者はそのなかで、主に参加型のアミューズメント志向の秘宝館にだけ注目した。そして本書では、秘宝館を性の展示だけでなく、身体模造やアミューズメントの歴史のなかで読み解くために、性的な「複製身体の観光化」に特化して分析してみた。コレクションを主とする「性の観光化」は別途検討する必要があるだろうし、等身大人形を用いる秘宝館とコレクションを主とする展示施設の関連も、あらためて考察するべきだろう。けれどもその前に、身体模造にこだわったのが本書だ。そのため本書は、伊勢の秘宝館からの出発となっていたのだ。

ここまで述べてきたが、本書の限界について さらに考察を加えることもできる。

写真109　男女神社秘宝館の外観（2005年撮影）

写真110　男女神社秘宝館のパンフレット表紙（2005年受け取り）

秘宝館に詳しい人なら、例えば石和ロマンの館など秘宝館の特徴を有する展示施設を思い出すかもしれない(この施設の名称は、筆者が撮影した写真によると、建物の外側の壁には「石和秘宝館　石和ロマンの館」、建物内の出口付近の看板には「石和秘宝館・ロマンの館」、入り口のネオンの看板には「石和ロマンの館」と書かれていたが、本書では「石和ロマンの館」と呼ぶことにしよう)。また、失われた秘宝館も分析に加えたいと思うだろう。筆者も少し跡地調査をしているのだが、失われた秘宝館は記録も展示物もない場合があり、地元の人々の語りや関係者の話を聞いて歩くよりほかないこともある。ここでは、山梨県に存在した石和ロマンの館に触れておきたい(写真111、112)。その理由は三点ある。第一に、そこには医学模型があったこと、第二に、奇跡的に一日だけ電気関係の修繕工事によって復元されてその全貌が記録されていること[8]、第三に、その復元の日(二〇〇九年四月四日)に筆者もその場にいた(つまり筆者にも思い出せる状況にある)からだ。秘宝館の歴史が複雑であり、豊かであることを示すためにも、わかることは記しておきたい。

この展示施設には、医学模型も胎内十月も、機械で動く展示もあった。伊勢の松野憲二氏によれば(二〇一四年調査時)、伊勢の姉妹館だった鳥羽館には医学模型があり、甲府石和館には医学模型はなかったそうだ。鳥羽館に伊勢と同様の医学模型があるのは姉妹館として同じ系列なので自然な流れだったともいえる。だが、石和ロマンの館は、伊勢の姉妹館ではない。松野氏によると、元祖国際秘宝館の甲府石和館ができた一九八一年よりも前から、石和ロマンの館はあったという。それは温泉街のなかにあった。一方、元祖国際秘宝館の甲府石和館は温泉街のなかではなく、車で立ち寄る場所にあった。石和ロマンの館は、伊勢の秘宝館の内容を参考にしたのではないかとも推測されている(もしこう考えると、医学模型があるのはそのためだろう)。また、石和ロマンの館を施工したのは、東京創研ではないこともわかっている。石和ロマンの館を施工した業者は、沼津秘宝館を施工した業者だと出口そばの板に書かれていた。このような背景から、伊勢を模した、しかしアミューズメントの要素

写真111　石和ロマンの館（閉館後、2009年撮影）

も備えた秘宝館的な施設が生まれたのだろう。

これはどの系列に含めるべきか。もしどの系列にも含めづらい秘宝館的施設があれば、それはそのまま考察するほうがいいだろう。おそらく、伊勢の秘宝館と伊勢以降の秘宝館という大きな潮流の周辺に、失われていった秘宝館が（今回の場合のように）位置づけられるケースもあるだろう。このような記録の追加は、あればあるほどいい。その記録が増えていったとしても、伊勢の秘宝館と伊勢以降に温泉観光地に生まれた秘宝館（東京創研が遺した仕事）という大きな潮流・根幹の部分は残り続けるだろう。しかもそれは、複雑さを排除するのではなく、複雑さをも受け入れる余裕のある大きな潮流として残るだろう。

写真112　石和ロマンの館の資料（レトロスペース・坂会館所蔵）（2014年閲覧）。おそらくこれは、本書が取り上げた石和ロマンの館の入場券と推定できる。

さらに付け加えるなら、その潮流とはまったく関係がなさそうな系列のものがあるとすれば、それはそれで分析する必要があるだろう。大きな潮流と関係があるのかないのか、またそれはどのようにか、またそれはなぜか、ということがわかれば、秘宝館の全体像が見えてくるかもしれない。

5　残された課題

秘宝館をめぐっては、ほかにも残された課題がある。展示物に日本人ではない蠟人形を用いた展示が見られる場合があるが、それはなぜかという論点も田中雅一によって実際に検討されている[9]。日本古来の性信仰と秘宝館の道祖神や金精様との関係を再考することも可能だろう。また、春画などの日本文化が秘宝館で再現された現象自体について、もう一度考えてみることも大切かもしれない。

つまり、本書は身体模造という造形表現から秘宝館を分析したため、ほかに抜け落ちてしまった分析があるのだ。これは本書の限界だが、他方、身体模造に特化したために秘宝館の歴史の一部が判明したとすれば、そこに意義があったともいえる。身体模造に焦点を絞ることによって解明できたことがあったとすれば、その結果生まれたデメリットは、今後あらためて別の角度から考察することもできるだろう。

次に、パロディーと秘宝館という論点はきわめて大切だ。もう少し具体的に述べると、パロディーと蠟人形に関する論点だ。まなざす者とまなざされる者（蠟人形）の関係では、蠟人形のもとになるオリジナルの存在が重要となる。蠟人形のオリジナルが知っている人物なのか、それとも知らない人物なのかによって、蠟人形の見え方は変わってくる。主に有名人の蠟人形を展示するマダム・タッソー蠟人形館などとは異なり、秘宝館には有名人の蠟人形はあまりない。だとすれば、有名人ではない蠟人形を多用することによって、秘宝館は何を可能にしたのかという論点が生まれるはずだ。一方で、秘宝館にも有名人の蠟人形はあり、この場合、その有名人を知っているからこその魅力が生じる。例えば熱海秘宝館のマリリン・モンローについて、熱海秘宝館パンフレット(「愛と神秘のご案内」「夢の扉を開くのはあなた」というキャッチフレーズが記載されているバージョン)(写真113)のなかに「映画以上の興奮と感激　秘宝館オリジナルのエキサイティング・モンロー」と書かれているのは興味深い。その蠟人形のモデルとなった人物を入館者が知っていて、またそれが立体的で実物大であることが娯楽性を増すのだろう。秘宝館の研究にとって、このような観点からの分析も必要になるだろう。

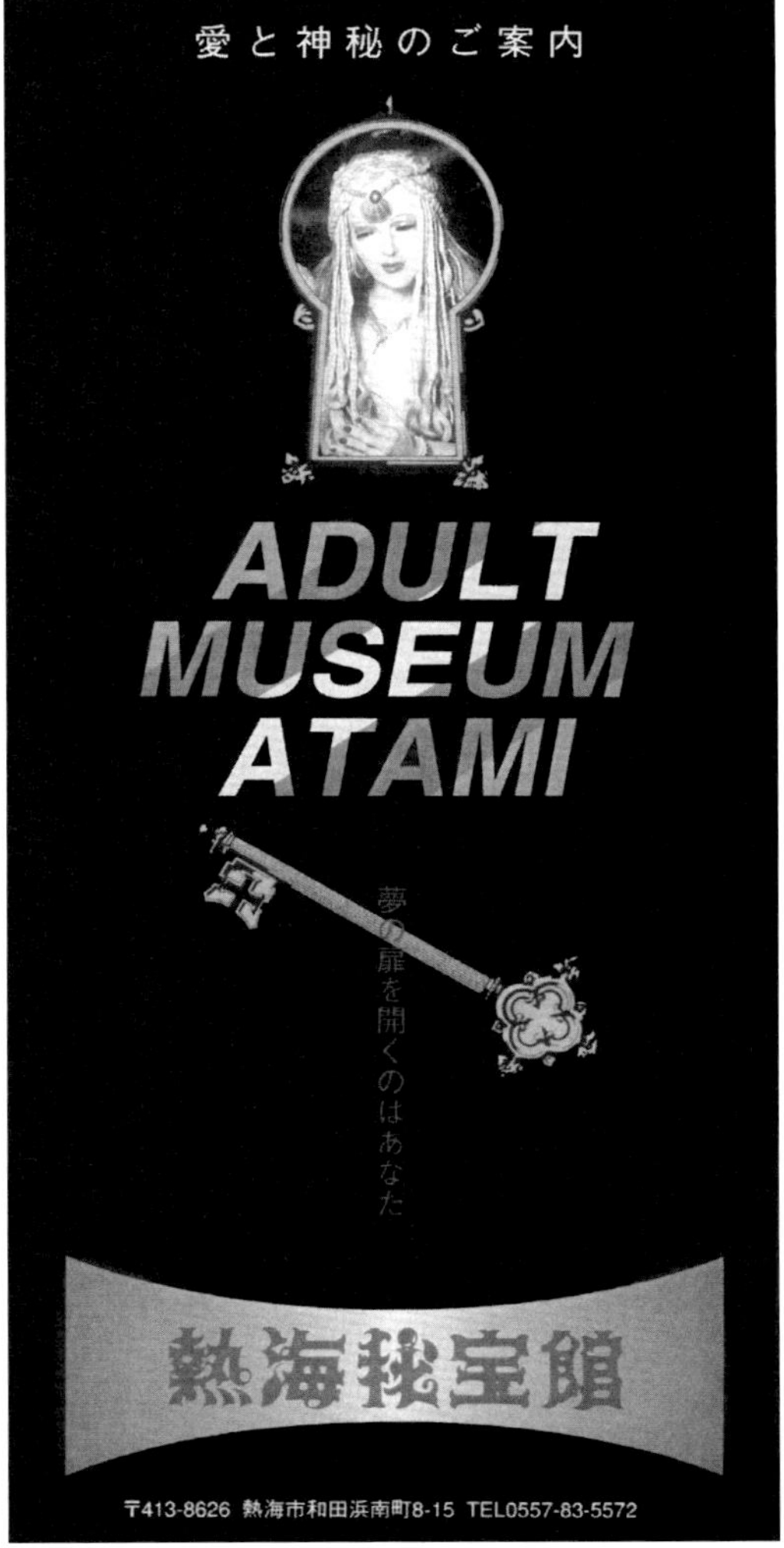

写真113　熱海秘宝館パンフレット表紙(「愛と神秘のご案内」「夢の扉を開くのはあなた」というキャッチフレーズが記載されているバージョン)(2005年受け取り)

最後に、筆者はジェンダー論を研究しているので、秘宝館の展示物についてより批判的な検討ができるのではないかという意見もあるだろう。だが筆者はこの研究を通して、秘宝館を生み出した時代、秘宝館を作った人々、秘宝館がある地元の人々など、秘宝館の外側に特に関心を寄せてきたし、彼らが作った展示や意図について、彼らが残した手記や証言を見逃さず、その内側に立って時代と展示の解釈を試みたいと思った。そのため、そして「はじめに」でも書いたように、秘宝館の是非を論じる予定はなく、一つ一つの展示の解釈もおこなっていない。この点については、理解していただければと思う。

注

(1) 前掲『衛生博覧会を求めて』五ページ
(2) 同書九ページ
(3) 同書一七二―一七三ページ
(4) 前掲『秘宝館』七四ページ
(5) 同書九一ページ
(6) 同書一〇四―一〇六ページ
(7) 二〇〇六年のwebちくま連載「癒しといやらし――性の文化人類学」をもとにした田中雅一「第十二章　性を蒐集・展示する」、田中雅一編『越境するモノ』(「フェティシズム研究」第二巻) 所収、京都大学学術出版会、二〇一四年、三九五―四一六ページ (なお、秘宝館をコレクション系とレジャー系に分類する見解は、前掲「性の展示」にも確認できる。)
(8) DVD『石和秘宝館ロマンの館――十年の眠りから目覚める異形の芸術たち』企画・プロデュース：ローカル銀座、八画、二〇〇九年
(9) 前掲『越境するモノ』四〇五ページ

資料――秘宝館オリジナルソング(元祖国際秘宝館伊勢館、熱海秘宝館、東北サファリパーク秘宝館)

「国際秘宝館小唄」(作詞:緑川修平)

1

見たか、聞いたか、伊勢の国
心うきうき、うわさのやかた
その名も　国際秘宝館

2

バスに、ゆられて、伊勢参り
粋《いき》な旅だよ、ぜひ見ておゆき
うわさの　国際秘宝館

3

色の道なら、伊勢の路《みち》
ピンクムードも、なやましうれし
それぞれ　国際秘宝館

4

愛の姿の、さまざまを

お見せしましょう、あなたの為に
燃えます　国際秘宝館

5
願《がん》をかけましょ、神さまに
霊験《れいげん》あらたか、子宝神社
お願い　国際秘宝館

6
お聞き、金佛石佛《かなぶついしぼとけ》
所詮《しょせん》この世は男と女
お寄りよ　国際秘宝館

7
伊勢の名物、数あれど
イカス土産《みやげ》は、話のたねさ
決めたぞ　国際秘宝館

8
一度来た人、またおいで
ずらり見る物、またまたふえた
伊勢路の　国際秘宝館

＊この歌詞は、前掲『伊勢エロスの館』内表紙から引用した。この曲は「秘宝館小唄」として前掲『懐かしのCMソング大全⑤』にも収録されている（一番のみ、十五秒間）。このCDには、作詞者、作曲者、歌手名が緑川修平、小倉靖、西岡和世と記載されている。『伊勢エロスの館』と『懐かしのCMソング大全⑤』の歌詞カードには「作詩」という表現が用いられているが、ここでは「作詞」と記載した。CDの歌詞カードには、「見たか聞いたか　伊勢の国　心うきうき　噂の館　その名も　国際秘宝館」と記載されている。CM収録会社名は近畿観光開発である。なお、松野憲二氏によると、この歌は「秘宝館小唄」とも「国際秘宝館小唄」とも呼ばれていたという。

「熱海秘宝館のテーマ」（オリジナルバージョン）

いで湯の熱海　夢の町
ときめく世界へ心を誘う
肌の温みが恋しいままに
まぶしく光る愛の花
そんな思いの　そんな思いの　一ページ
愛に　愛に　愛にささやく　熱海秘宝館

ロマンの香り　湯の香り
二つの心を一つに結ぶ

生きてる証　生きてる命
永久《とわ》に変わらぬ愛ゆえに
抱かせてくれる　抱かせてくれる　旅心
愛に　愛に　愛にささやく　熱海秘宝館

夢見る夜の思いでよ
あの子の笑顔がまた浮かぶ
飛んでゆきたい　もう一度
幸せを教えてくれる
心のともしび　心のともしび　いつまでも
愛に　愛に　愛にささやく　熱海秘宝館

＊この歌詞は熱海秘宝館パンフレット（「愛と神秘のご案内」「何度来ても刺激的」というキャッチフレーズが記載されているバージョン）から引用した。本文でも記載したように、入り口のマーメイドが歌うという設定。この歌の前には、マーメイドが「ようこそ秘宝館へ。あなたのいらっしゃるのをずっとお待ちしてましたわ。どうぞ、ごゆっくりお楽しみになって。殿方にも、ご婦人にも、きっと喜んでいただけるわ。熱海の楽しい旅、その一ページは私と一緒に。ね？」と語る。歌が終わると、「どうもありがとう。私の歌を思い出したら、また熱海にいらっしゃってね」とささやく（なお、「永久」に「とわ」というルビをつけたのは引用者）。

東北サファリパーク秘宝館オリジナルソング

あいあいあいあいあいうえお
はひふへほんのり夜が明けて
ぱぴぷぺポルノで夜が来る
ポルノの道こそ平和の道よ
お隣さん　お向かいさん
みんなで仲良く　ポルノ博士を先頭に
励め　励め　どんとゆけ

＊歌詞は、二〇〇五年九月二十八日の調査で筆者確認。調査ノートには、受付への聞き取りの部分に「歌だけ聴きにくる人もいる」という記載が残っている。「みんなで仲良く」は「今夜も仲良く」の可能性もある。

初出一覧／研究助成／調査の記録

初出一覧

はじめに　書き下ろし

第1章　以下の内容を大幅に加筆修正した。

「温泉観光地と秘宝館文化——秘宝館文化の歴史と現状」「旅の文化研究所研究報告」第十五号、旅の文化研究所、二〇〇六年、一〇七—一一九ページ

第2章　書き下ろし部分と以下の内容を加筆修正した部分が含まれている。

「一九七〇年代伊勢観光における遊興空間の成立と変容——医学用模型の展示と性の視覚化」「ソシオロジ」第百五十九号、社会学研究会、二〇〇七年、一一九—一三四ページ

第3章　以下の内容を加筆修正した。

「北海道定山渓温泉における遊興空間の成立と変容」二〇〇八年（未発表原稿）

「秘宝館の盛衰と観光客の変容」、神田孝治編著『観光の空間——視点とアプローチ』所収、ナカニシヤ出版、二〇〇九年、六七—七七ページ

「戦後における温泉観光地の発達とその変容——北海道・定山渓温泉を事例として」「旅の文化研究所研究報告」第二十号、二〇一一年、四一—五九ページ

第4章　書き下ろし

第5章　書き下ろし。ただし、蠟人形をめぐって、まなざす者とまなざされる者との関係については下記の論文のアイデアを記載した。

「観光化する複製身体――ロンドン、マダム・タッソー蠟人形館を事例として」、田中雅一編『侵犯する身体』（「フェティシズム研究」第三巻）所収、京都大学学術出版会、近刊

研究助成

旅の文化研究所・第十二回公募研究プロジェクト採択「温泉観光地と秘宝館文化――秘宝館文化の歴史と現状」（二〇〇五年四月―〇六年三月、個人研究）

北海道大学観光学高等研究センター二〇〇六年度研究調査事業「戦後日本型温泉観光地の成立と変容に関する研究――北海道・定山渓を事例として」（二〇〇六年五月―〇七年三月）

調査の記録

訪問した場所のうち、「性の展示」「複製」「蠟人形」「医学」の思考をふくらませるのにヒントを得た場所を記載する。本書ではこれらすべてについて言及することはできなかったが、これらの場所を訪れた体験からヒントを得ているため記しておく（年月しか記録にないものもある）。

一九九八年ころ
山崎のコンセイサマ（山崎の金勢様）（岩手県遠野市）
一九九九年以前
多賀神社凸凹神堂（愛媛県宇和島市）
二〇〇〇年
元祖国際秘宝館伊勢館（三重県度会郡、八月）
二〇〇一年
なし
二〇〇二年
ゑびす秘宝館（東京都渋谷区、都築響一氏により元祖国際秘宝館鳥羽館〔ＳＦ未来館〕の展示物の一部が再現された展示、六月十六日）
二〇〇三年
なし
二〇〇四年
Museum of Sex（アメリカ・ニューヨーク、入館できず、三月八日—十四日ニューヨーク滞在中）
Musée de l'érotisme de Paris（フランス・パリ、十二月二十日—二十五日パリ滞在中）
二〇〇五年
熱海秘宝館（静岡県熱海市、五月二十八日、九月十六日）
宝珠山立石寺「秘宝館」（山形県山形市、六月十九日）

清滝江戸風俗秘宝館（京都府京都市右京区、六月五日）
北海道秘宝館（北海道札幌市、六月十二日）、北海道文化放送（ＵＨＢ）「のりゆきのトークDE北海道」放送（放送日：六月十四日）
鬼怒川秘宝殿（栃木県藤原郡＝当時、六月二十五日）
別府秘宝館（大分県別府市、七月十八日）
嬉野武雄観光秘宝館（佐賀県藤津郡＝当時、七月二十三日―二十四日）
元祖国際秘宝館伊勢館（三重県度会郡、八月四日―五日）
元祖国際秘宝館鳥羽館（ＳＦ未来館）（閉館後訪問、入館不可）（三重県鳥羽市、八月六日）
白浜美術館・歓喜神社（和歌山県西牟婁郡、八月十日）
大塚国際美術館（徳島県鳴門市、八月十二日）
男女神社秘宝館（徳島県阿波郡、八月十三日）
多賀神社凸凹神堂（愛媛県宇和島市、八月二十日）
元祖国際秘宝館甲府石和館（閉館後訪問、別施設に改築後）（山梨県笛吹市、九月六日）
田縣神社（愛知県小牧市、九月十五日）
東北秘宝館極楽殿跡地（福島県郡山市、九月二十七日）
東北サファリパーク秘宝館（福島県二本松市、九月二十八日）
山崎のコンセイサマ（山崎の金勢様）（岩手県遠野市、九月二十九日）
和野のコンセサマ（岩手県遠野市、十月一日）（和野地区では「コンセサマ」と呼んでいた。）
土佐桃源郷跡地（高知県高知市、十二月五日）

二〇〇六年
Musée Dupuytren（フランス・パリ、一月二十四日）
デルマス・オルフィラ・ルヴィエール博物館（フランス・パリ、一月二十五日）
Musée de l'Homme（フランス・パリ、一月二十五日）（〝naissances〟という展覧会で「スピッツナー博士のコレクション」の一部が貸し出され、展示されていたため見学）
グレヴァン蠟人形館（フランス・パリ、一月二十六日）
Musée de l'érotisme de Paris（フランス・パリ、一月二十六日）
マダム・タッソー蠟人形館（イギリス・ロンドン、一月二十九日―三十日）
ラ・スペコラ博物館（イタリア・フィレンツェ、二月三日）
パラッツォ・ポッジ博物館（イタリア・ボローニャ、二月六日）
ボローニャ大学解剖学教室（イタリア・ボローニャ、二月六日）
Museo d'arte erotica di Venezia（イタリア・ベネチア、二月八日）
元祖国際秘宝館伊勢館（三重県度会郡、四月二十四日―二十五日）
札幌医科大学標本館（北海道札幌市、ムラージュの一部だけ、十月五日）
定山渓の歴史調査（北海道札幌市、二〇〇六年五月一日―二〇〇七年三月三十一日、北海道大学在職中）（北海道秘宝館の調査を含む。）
北陸秘宝館（閉館後訪問）（石川県加賀市、十二月一日―三日石川県滞在中）
二〇〇七年
元祖国際秘宝館伊勢館（一月二十日、三月二十五日、六月五日―六日）（六月は閉館後訪問、入館）

ルクセンブルク現代美術館（ルクセンブルク・ルクセンブルク、都築響一氏により元祖国際秘宝館鳥羽館〔SF未来館〕の展示物の一部が再現された展示、六月二十三日）
サンルイ病院ムラージュ博物館（フランス・パリ、六月二十五日）
二〇〇八年
龍馬記念館（六月一日）
二〇〇九年
バルセロナ蠟人形館（スペイン・バルセロナ、九月十日）
石和ロマンの館（閉館後訪問、入館）（山梨県笛吹市、四月四日）
二〇一〇年
広島市現代美術館「都築響一と巡る社会の窓から見たニッポン」（広島県広島市、都築響一氏により元祖国際秘宝館鳥羽館〔SF未来館〕の展示物の一部が再現された展示、六月二十日）
定山渓調査（北海道札幌市、九月二十二日―二十三日、十月二十七日、十一月十三日―十四日）
二〇一一年
調査休止
二〇一二年
調査休止
二〇一三年
別府秘宝館（閉館後訪問、入館不可）（大分県別府市、九月二十三日）
嬉野武雄観光秘宝館（佐賀県嬉野市、九月二十四日）

熱海秘宝館（静岡県熱海市、九月二十六日）
鬼怒川秘宝殿（栃木県日光市、九月二十七日）
北海道大学総合博物館ムラージュの展示（北海道札幌市、十月十日）
元祖国際秘宝館伊勢館について松野憲二氏訪問（三重県伊勢市、十月十九日）
大英博物館・春画展（Shunga—sex and pleasure in Japanese art）（イギリス・ロンドン、十一月二十二日）
二〇一四年
北海道大学総合博物館ムラージュの展示（北海道札幌市、一月七日）
札幌医科大学標本館（北海道札幌市、一月十五日）
嬉野武雄観光秘宝館（佐賀県嬉野市、一月十七日—十八日、二月二十三日）

あとがき

大学院生だった二〇〇五年の冬、翌年フランスで日本の秘宝館について発表するために筆者は英語で原稿を書いていた。この時期に留学生の友人から英語の助言をもらうため、伊勢の秘宝館の図面を見せながらその説明をして、英語の表現について一緒に検討してもらったことがある。その際に一息ついたとき、友人はもう一度図面に目を移し、急に顔を上げて言った。「日本に本当にこんなところがあるの?」。筆者にとってはあるのは当然のことだったので、すぐに「ある」と答えたが、いまの筆者ならその友人の驚きを共有できるかもしれない。

伊勢の秘宝館やそのあとに発達した温泉観光地の秘宝館といった、入館者が参加して展示を見て回る大人の遊園地的な存在は、世界的には技術的にもテーマ的にも珍しいのだ。もしかすると、日本に特殊な文化なのだろうか。

もちろん、海外にも性愛に関する博物館は存在する。例えば、パリの性愛の博物館(Musée de l'érotisme de Paris)では、絵画や彫刻が中心だったように思う。海外の品物も集めて展示し、パンフレットには、「時空間を超えて世界から性愛に関する芸術を集めたその唯一の場所」という意味の紹介が八カ国語で書かれていた(二〇〇六年一月現在)。二〇〇六年二月にベネチアを訪れた。パリと同じような博物館ができるとパリで聞いていたので訪れてみると、オープン前だったが見せてくれた。パリの博物館と同様に、そこは芸術的な空間だった。日本の秘宝館のような、さまざまな展示が併存している混沌としたイメージとはほど遠く、整然とした空間で芸術作品を鑑賞するといった印象を受けた。もちろん静的な展示だった。

筆者は海外の性愛博物館をまだあまり訪れたことがない。日本で発達したような、舞台技術・映像技術を駆使した参加型の性のテーマパークはほかの国にもあるのだろうか。それとも高度な技術と性というテーマの結合による展示手法は、日本が生み出した独特の文化なのだろうか。

遠野が原点

いつもよく聞かれるのは、なぜ秘宝館の研究をしようと思ったのかということだ。筆者は旅行が好きでいろいろな土地を歩いたが、一九九八年ごろに『遠野物語』で知られる岩手県遠野市を訪問し、「山崎のコンセイサマ」（山崎の金勢様）を見たことが原点にあると思う。そこには記念スタンプが置かれていて、性の信仰の対象が観光地化されていることがそれ以来ずっと気になっていた。その後、愛媛県宇和島市の性文化財の資料館にも出会い、収集されたコレクションという性の観光化もあることを知った。二〇〇〇年ごろ、当時住んでいた京都から伊勢旅行に出かけ、その際に元祖国際秘宝館伊勢館に立ち寄った。そこでは性というテーマで等身大人形や医学模型が展示されていて、当時の筆者には、ここはそれまでに見てきた性の観光化のケースとは別の形態であるように思われた。遠野が原点にあり、宇和島や伊勢の展示物に出会って秘宝館というものに興味をもち、研究を予期してか北海道や別府の秘宝館、パリの性愛博物館を下見に出かけたりもした（きっとパリでは、日本の秘宝館とパリの性愛博物館は異なるという確信をもったにちがいない）。こうして日本の秘宝館の研究をしたいと考え、「温泉観光地と秘宝館文化――秘宝館文化の歴史と現状」というテーマで旅の文化研究所・第十二回公募研究プロジェクトに応募し、幸運にも採択された（二〇〇五年四月―〇六年三月）。こうして筆者の秘宝館研究は本格的に始まったのだ。

秘宝館に興味をもった理由は――遠野が原点だとしても――いまならもう一つあると思う。それは伊勢の医学模型だ。

二〇一三年十一月三十日に開催された、前出の「観光化する身体——博物館・蠟人形・秘宝館と女性」（北海道大学CoSTEP主催サイエンスカフェin三省堂書店札幌店）に筆者はゲストとして招かれて、観客から質問を受けた。「伊勢の秘宝館とそれ以降にできた秘宝館では、どちらが好きですか？」と。そこで筆者が答えた内容は、図らずも秘宝館研究の出発点を表していたように思う。質問には、伊勢以降にできた秘宝館のほうが好きだと答えた。なぜならアミューズメント性が高く、楽しいからだ、と理由も添えた。一方、伊勢の秘宝館は一人では見られないような恐ろしい展示もあり、拷問などの展示もある、と。本書を執筆するにあたって、『秘宝館』をよく見たところ、伊勢の秘宝館はかっこで「世界恐怖館」とも書かれているほどであり、やはり恐ろしい展示もあったのだろう（松野憲二さんから借りた伊勢の古い写真も見てみると、受付には国際秘宝館と世界恐怖館について、「お得な割引セットもございます」と書かれてあった。当時は別の入り口で別料金だったそうだが、筆者の調査時には秘宝館のなかに恐ろしい展示も含まれていた）。しかし筆者は、「伊勢の秘宝館にはそれにもかかわらず魅力があります」と続けた。伊勢の医学模型が筆者を引き付けたのだろう、筆者が女性の人生や出産や生命（の誕生）に関心をもっていたこととも関係があるのだろう、とも伝えた。そして「もし伊勢の秘宝館に医学模型がなかったら、私は秘宝館研究をしていなかったでしょう」という言葉が筆者の口から出てきた。これはたぶんそのとおりだろう。医学模型や妊娠模型への問いや関心が筆者を放っておかなかったのだ（伊勢の秘宝館にはユーモアのある展示も含まれていたはずだが、筆者にとっては医学模型のインパクトがかなり強かったようだ）。

遠野で記念スタンプを見なかったら、そして伊勢の秘宝館に医学模型がなかったら、この研究は生まれていなかったかもしれない。偶然の重なりに導かれて、それが今日につながっている。

秘宝館の研究を続ける

第5章にも書いたように、本書の研究にはまだいろいろな課題が残っている。筆者の力が足りないところもあると思うが、この研究の過程で多くの人と出会い、助けられてきたことに深く感謝している。

二〇〇五年度に旅の文化研究所の公募研究プロジェクトで研究を開始してからは、次のような出来事があった。〇六年一月、パリ社会科学高等研究院で発表。フランスに集まっている研究者や若き大学院生たちと日本の秘宝館について議論。パリの性愛博物館を再訪。イギリス、イタリア調査。〇六年五月、北海道大学観光学高等研究センター・学術研究員として十一ヵ月間札幌に赴任。北海道定山渓温泉の発達過程の研究と北海道秘宝館の研究に専念。〇七年四月、東京に戻る。博士論文を執筆。博士論文研究は、もともとの研究テーマでもあった「ライフコースの多様化が生み出す女性間の対立と葛藤——戦後「主婦論争」を通して」だ（実はこの研究と秘宝館研究は筆者のなかでは深く関連している。戦後日本の社会史的変遷と女性の変化に関心があるからだ。博士論文研究では歴史と言説の関係に、秘宝館研究では歴史と遊興空間の関係に関心を向けてきた）。北海道から東京に戻った年（〇七年）の三月、伊勢の秘宝館が閉館した。その後、伊勢の松野憲二氏から医学模型の一部を研究資料として譲り受け、そのうち二十三点を国内の研究機関に寄託・永年保存（この資料は、日本で一般大衆に公開された最後のころの啓蒙用医学模型がどのようなものだったのかを物語る貴重な資料となるだろう）。〇七年六月、ルクセンブルク現代美術館で鳥羽の秘宝館の展示を見る。〇八年六月十二日、京都大学人文科学アカデミー「身体＝フェティッシュをめぐる技術」（第二回「剥製の技術」）で「蠟人形館の夢」と題して講演。〇八年九月、京都大学グローバルCOEプログラム「親密圏と公共圏の再編成をめざすアジア拠点」の学界動向調査のメンバーとしてバルセロナ大学に派遣され、Sociology of Leisure（余暇の社会学）の調査を担当（日本でも「余暇の社会学」や「観光の社会学」のさらなる発展が重要だと感じていたからだ）。〇九年六月二十日、ジュンク堂書店トークセッションで都築響一さんと対談（テーマ「WE♥秘宝館――秘宝館文化の盛衰」）。〇九年十月、『観光の空間』(1)（観光学部などで使用されることが想定された書籍）に秘宝館の原稿を執筆。一〇年七月、同じく京都大学グローバルCOEプログラム「親密圏と公共圏の再編成をめざすアジア拠点」の渡航助成を受け、国際社会学会（ISA）世界大会で発表（スウェーデン・ヨーテボリ大学）。

二〇一二年七月十六日、東京から札幌に転居。北海道大学創成研究機構で勤務後、一三年六月一日から北海道大学大学院文学研究科に着任。その翌月、七月十八日、同文学研究科応用倫理研究教育センター第六回応用倫理研究会で発表（タイトル「「身体の観光化」からみた秘宝館」）。一三年十一月三十日、前述「観光化する身体」のゲストとなる。

また、村上賢司監督が北海道秘宝館を舞台に制作した『HIHOKAN』(2)に研究者として出演。笹谷遼平監督・制作のドキュメンタリー『昭和聖地巡礼』(3)にも同様に登場した。秘宝館にまつわる思い出はたくさんある。

失われゆく秘宝館を前にして

まだ研究を開始して間もないころの筆者は、フランスに行く前に次のように書いている。

秘宝館研究をしていると時折偏見を受ける。だがそのこと自体、「人びとが秘宝館文化を低位に位置付けようとするのはなぜか」という新たな問いを私にもたらしてくれる。日本で偏見を受けるならばもっと真剣に議論してもらえそうな海外でと思い立ち、パリ・社会科学高等研究院（EHESS）で二〇〇六年一月に研究発表する予定である。だが最近では、当の日本でこそ、活発な議論がおこなえるような研究を目指したい

と思う。(4)

いま振り返って思うのは、身体模造の造形表現やそれと舞台技術との融合など、目を見張る技術が秘宝館には用いられていて、秘宝館を作ってきた人々の情熱や人生のあゆみは、日本の余暇の進展を考えるうえでもとても大きなものだということだ。日本でもっと活発な議論がなされてもいいと思う。第5章で「あとから見直される身体模造」という内容の原稿を書いたが、「あとから」では遅いのではないか。

秘宝館は失われゆく日本の「遺産」だ。その意味では、「西日本新聞」二〇一四年一月一日付の「地元遺産と歩む」という特集のなかで、佐賀県の嬉野武雄観光秘宝館が「遺産」に選ばれたことは興味深い。人々が遺産としてみなさなかったものを「遺産」として取り上げたからだ。秘宝館が再発見・再評価される時代は意外と早くくるのだろうか。

もう一つ、筆者の尊敬する都築響一さんの言葉で最も筆者の印象に残っているものを引用したい。

> 地元から蔑まれ、疎まれることはあっても、敬意を払われることは決してなく、観光地図やガイドからも消し去られ、すでにほとんど忘却の彼方へと高速で遠ざかりつつある、秘宝館という哀れな存在。どんなに優れたインスタレーションがそこにあろうと、それが「アート」として認知されることはありえないまま、名もなき市井のアーティストたちによる傑作がまたひとつ、消えていく。なにかを作りだすことはひどく不得手でありながら、失うことにかけてはだれよりも得意なこの国に生きる我々に、それはもともと高価すぎる秘宝だったのかもしれない。(5)

秘宝館の魅力や神髄は筆者の研究だけでは伝わらない。いくら文字を集めても語り尽くせない。映像も写真も文字も、秘宝館の実物にはかなわないだろう。秘宝館が日本から失われる前に、誇るべき遺産があるうちに、秘宝館を「体験」してみるのも楽しいかもしれない。

あるいは、失われた秘宝館であっても私たちの身近にそれはあるかもしれない。秘宝館の展示物をいまも大切にする人々がいることをここに書き添えておきたい。かつての展示物は、いまなお私たちに語りかけるものがある。元祖国際秘宝館伊勢館の医学模型（の一部、二十三点）はすでに保存されていて、未来の医学史研究の一助になるだろう。北海道秘宝館の入り口で入館者を迎えていたゾウはいま、大竹伸朗さんが手がけた直島銭湯「I❤湯」（香川県香川郡直島町）で男湯と女湯のしきりの上で男女双方を見守っている。北海道秘宝館に展示されていた動物の剥製の一部は、定山渓のあるホテルのロビーに展示されている（二〇一四年二月現在）。元祖国際秘宝館伊勢館の姉妹館だった鳥羽館（SF未来館）の展示物は、都築響一さんによってさまざまな場所で再現されてきた。このように奇跡的に残されたごくわずかな展示物もまた、秘宝館とその時代の証言者だ。

＊

筆者は、秘宝館と秘宝館を作った人々の情熱に感銘を受けた一人だ。そしてそうした方々に出会って話をうかがえることも楽しみだった。調査地の一つだった北海道や定山渓が好きになり、北海道に暮らしたいと思って二〇一二年七月十六日に北海道に転居してしまった。秘宝館を研究してきたことが、筆者の人生を変えたのかもしれない。このように、あることがきっかけになって人生が変わるのもまた味わいがある。筆者にとって秘宝館と秘宝館を作った人々の情熱は、これまでもこれからも尊敬の対象だ。

本研究の過程で多くの方々にお世話になった。人との出会いがこの研究の醍醐味だった。どれほどの笑顔と優しさと真摯さに出会ってきたことだろう。秘宝館研究で出会ったすべての方に感謝する。

北海道秘宝館のオーナー・山本公正さん、北海道秘宝館のレストランや受付で勤務されていた川野准子さん、龍王観光代表取締役・鬼怒川秘宝殿の北山芳枝さん、熱海秘宝館の支配人・設楽直明さん、元・近畿観光開発代表取締役の松野憲二さん、元・近畿観光開発社員で元祖国際秘宝館伊勢館二代目館長（のちに営業部長）の故・小川正二さん、嬉野武雄観光秘宝館の管理責任者・大久保重則さん、西九州観光社員の中野恭子さん、二〇〇五年の嬉野調査時にお世話になった西九州観光前社長の角孝子さん。秘宝館を作ってこられた上島経さん、大内寿夫さん、細野正治《ただはる》さん、青木喜八郎さん、山本和子さんをはじめ、多くのみなさん。定山渓観光協会の土舘佳子さん、定山渓温泉の歴史を語ってくれた定山渓の柴田秀茲さん、関根ユリさん、故・森田貞雄さん。秘宝館を研究する過程で出会うことができた都築響一さん、八画文化会館の酒井竜次さん、映画監督の村上賢司さん、ローランズ・フィルムの熊谷健一さん。酒井さんは『I❤秘宝館』[6]の監修者であり、『元祖国際秘宝館公式ガイドブック』[7]の企画者でもある。石和ロマンの館の見学（二〇〇九年四月四日）に立ち合わせてくれたのも、その資料を見せてくれたのも、酒井さんだった。熊谷さんは『伊勢エロスの館』と『性愛の里　北海道秘宝館』のプロデューサーである。発信する彼らの情熱を筆者は身近で感じ取った。パリで「スピッツナー博士のコレクション」を見せてくれて、説明してくれたクリスティアン・プレヴォトーさん。見学後にプレゼントがあるといって、カタログを渡してくれた。あの女性の蝋人形の写真も日本まで送ってくれた。秘宝館に関する所蔵資料を見せてくれたレトロスペース・坂会館館長の坂一敬さんとスタッフの中本尚子さん。そして、ここには書ききれなかったが、国内外の訪問先一つ一つの土地に、私を助けてくれた人がいた。

主婦論争研究の指導の一方で秘宝館研究も見守ってくださった上野千鶴子先生、研究を励ましてくださった京都大学・田中雅一先生、東京大学・木下直之先生、和歌山大学・神田孝治先生、江戸川大学名誉教授・高山眞知子先生。研究の機会を与えてくださった旅の文化研究所と同研究所所長の神崎宣武先生、北海道大学観光学高等研究センター初代センター長の石森秀三先生。北海道大学大学院文学研究科ではのびのびと研究をさせていただいたし、この時間はかけがえのないものだった。そのなかで筆者の研究をさらなる展望にいざない、医学と秘宝館の関係について語り合う機会を与えてくれた北海道大学 CoSTEP の川本思心先生。以上の先生方に深く感謝している。

最後に、原稿が遅くなりご迷惑をおかけした青弓社の矢野恵二さんには、お詫びの気持ちを伝えたい。筆者の研究を見つけて、長い間応援し続けてくれたことに心からの感謝を伝えたい。

これまで多くのみなさんに支えられてきたことを、これからも忘れずにいたい。

本書は、北海道大学大学院文学研究科の平成二十五年度一般図書出版助成を受けて出版された。

秘宝館を情熱をもって作ってこられた方々に尊敬の気持ちを込めて

二〇一四年二月　札幌

妙木忍

注

（1）神田孝治編著『観光の空間——視点とアプローチ』ナカニシヤ出版、二〇〇九年

（2）オムニバス映画。映画全体の名称は『So Close So Far』LX films（ポルトガル）、二〇〇八年

（3）『昭和聖地巡礼——秘宝館の胎内』監督：笹谷遼平、二〇〇七年

（4）妙木忍「遠野再訪――「問い」の原点に立ち戻る」「まほら」第四十六号、旅の文化研究所、二〇〇六年、四七ページ
（5）都築響一「精子宮」、『精子宮――鳥羽国際秘宝館・SF未来館のすべて』所収、アスペクト、二〇〇一年、ページの記載なし
（6）酒井竜次監修、酒井竜次／大畑沙織編『I❤秘宝館』八画、二〇〇九年
（7）東海秘密倶楽部編『元祖国際秘宝館　公式ガイドブック』インディヴィジョン、二〇〇六年、限定千部

［著者略歴］
妙木 忍（みょうき しのぶ）
1977年、高知県生まれ
東京大学大学院人文社会系研究科博士課程修了
東北大学大学院国際文化研究科准教授
専門はジェンダー研究
著書に『女性同士の争いはなぜ起こるのか』（青土社）がある

秘宝館《ひほうかん》という文化装置《ぶんかそうち》

発行――――2014年3月21日　第1刷
　　　　　　2024年7月31日　第3刷

定価――――2000円＋税

著者――――妙木 忍

発行者―――矢野未知生

発行所―――株式会社青弓社
〒162-0801 東京都新宿区山吹町337
電話 03-3268-0381（代）
http://www.seikyusha.co.jp

印刷所―――大村紙業

製本所―――大村紙業

ISBN978-4-7872-3373-8　C0036

山崎明子／藤木直実／菅 実花／小林美香 ほか

〈妊婦〉アート論

孕む身体を奪取する

妊娠するラブドールやファッションドール、マタニティ・フォト、妊娠小説、胎盤人形、東西の美術が描く妊婦──孕む身体と接続したアートや表象を読み、妊娠という経験を社会的な規範から解放する挑発的な試み。　定価2400円＋税

椋橋彩香

タイの地獄寺

カラフルでキッチュ、そしてグロテスクなコンクリート像が立ち並ぶタイの寺院83カ所をフィールドワークして、その地獄思想と地獄寺が生まれた背景、像が表現している地獄の数々まで、地獄寺を体系的にまとめる。定価2000円＋税

君島彩子

観音像とは何か

平和モニュメントの近・現代

戦争死者慰霊、ランドマーク、地域振興──。戦争や社会状況を背景に時代ごとに性格を変えながらも、平和の象徴として共通認識されることでモニュメントとして独自の発展を遂げた観音像の近・現代史を描く。　定価2400円＋税

八岩まどか

猫神さま日和

福を呼ぶ招き猫、養蚕の守り神、祟り伝説の化け猫、恩返しをする猫、貴女・遊女との関わり──。各地の猫神様を訪ね、由来や逸話、地域の人々の熱い信仰心を通して、猫の霊力を生き生きと伝える。　定価1800円＋税

青柳健二

全国の犬像をめぐる

忠犬物語45話

雪崩から主人を救った新潟の忠犬タマ公、小樽の消防犬ぶん公、東京のチロリ、郡上の盲導犬サーブ、松山の目が見えない犬ダン、筑後の羽が生えた羽犬……。全国各地の約60体をたずね、カラー写真と来歴で顕彰する。　定価1800円＋税